혼자서도
쉽게 돈 버는
이모티콘
만들기

혼자서도 쉽게 돈 버는 이모티콘 만들기

로아 변유선 지음

비에이블
B.able

제 이야기를 조금 해볼까 합니다.

저는 2013년 8월에 디자인 알베로라는 회사를 창업했어요. 건강 문제로 퇴사한 후 다시 직장생활을 하기엔 어려울 것 같아 직접 회사를 차려보면 어떨까 싶었거든요. 고민 끝에 내 그림으로 상품을 만들어서 팔 수 있는 디자인 회사를 차리기로 결심했습니다. 정말 단순하고 무지한 발상으로 창업에 뛰어들었어요. 다양한 아트 상품을 만들어서 온라인 쇼핑몰에서 판매해 보겠다고 계획을 세우고 하나씩 일을 시작했어요. 1인 회사였기 때문에 나 이외엔 아무도 내 일을 대신 해 줄 사람이 없었어요. 회사에 다닐 체력이 안 돼서 직접 회사를 차렸는데 매일 밤늦게까지 퇴근을 할 수가 없는 아이러니한 상황에 놓이게 되었어요.

그림을 그리는 것부터 상품 디자인, 인쇄, 촬영, 쇼핑몰 업로드, 배송까지 새로운 상품을 만들 때마다 똑같은 과정을 혼자서 반복해야 하니 일은 해도 해도 줄어들지 않았어요. 그리고 창업 3~4년 차가 되어갈 때쯤엔 심리적으로 매우 지친 상태가 되었습니다.

어느 날 문득 오래전 접했던 디지털 노마드라는 걸 떠올렸어요. 디지털 기계 하나만 들고 전 세계 어디서든 일을 하며 살아갈 수 있다니 듣기만 해도 너무 설레는 단어 아닌가요. 물론 그때도 아이패드 하나 들고서 커피 숍이든 어디든 가서 일할 수는 있었지만 사무실에는 제가 만든 상품의 재고가 잔뜩 쌓여있었고, 그 박스들을 볼 때마다 마음이 무거웠어요. 꼭 제 어깨 위에 짊어지고 있는 기분이 들었거든요.

그렇게 사무실만 가면 가슴이 답답해지던 그때 우연히 그라폴리오마켓(현 오지큐마켓)을 보게 되었어요. 아마 2015년 즈음이었던 것 같아요. 거기에서 판매되고 있는 스티커를 보니 나도 금방 만들 수 있을 것 같았어요. 그래서 바로 제작해서 올렸는데 몇개씩 팔리더라고요. 많은 시간을 들이지 않고 만든 상품이 업로드만 하고 나면 그 후엔 알아서 팔리니까 너무 편했어요. 그렇게 하나둘 계속 작업을 하며 다양한 플랫폼으로 확장해 나갔어요. 그 후 쇼핑몰을 2018년쯤 완전히 정리했어요. 디지털 콘텐츠로 완전히 방향을 바꾼 거죠. 새로운 상품을 아무리 많이 만들어도 사무실에 박스 쌓일 일도 없고, 판매에 신경 쓸 필요도 없는 그런 점이 저를 이전의 고된 작업의 굴레에서 해방시켜 주었어요. 그리고 쇼핑몰을 운영할 때는 꿈도 꾸지 못했던 한 달간의 유럽 여행도 다녀올 수 있었어요. 물론 여행 중에도 업무는 모두 볼 수 있었어요. 이 모든 게 이모티콘 제작이 제게 가져다준 것입니다. 자유로운 생활 패턴과 업무 공간, 재고 없음의 가벼움, 그리고 운 좋으면 높은 수입까지 생길 수 있는 이 모든 게 디지털 콘텐츠의 장점이 아닐까요.

제 수업을 들었던 수강생 중에 이모티콘 제작으로 전혀 다른 삶을 살고 계신 분이 몇분 계세요. 제가 가르쳐드린 건 이모티콘 제작이었지만 그 수업으로 그분들의 인생이 변하는 것을 지켜보며 큰 보람을 느꼈어요. 이 책을 접하신 여러분 중에도 그런 꿈을 꾸며 시작하신 분들이 많을 거라 생각해요. 제 책과 함께 이모티콘 제작에 성공하셔서 여러분의 삶에도 변화가 찾아오길 응원합니다.

로아 변유선

CONTENTS

Hi~

사랑해요

Chapter 3
움직이는 이모티콘 만들기

Chapter 4
플랫폼 제안과 상품 출시

about 이모티콘 크리에이터
크리에이터란 무엇인가

**크리에이터 vs
메이커**

이모티콘을 배우러 오시는 분은 대부분 제작 프로그램 사용법이나 카카오톡에 입점하는 방법을 제일 궁금해합니다. 물론 테크닉도 중요하지만, 그에 앞서 익혀야 할 기본기가 있습니다.

그중 첫 번째는 창작에 임하는 자세와 마음가짐입니다.

이모티콘을 제작하는 일은 하나의 콘텐츠를 제작하는 일입니다. 지극히 상업적인 아이템을 만드는 일이죠. 그러기 위해서 지금부터 여러분은 크리에이터로 거듭나야 합니다. 요즘 크리에이터라는 이 단어는 정말 흔하게 사용되고 있는데요. 그러면 크리에이터란 무엇일까요? 자세히 알아보도록 합시다.

크리에이터는 영어로 'Creator'라고 씁니다. 이 단어는 무언가를 만드는 사람을 뜻하는 Maker와 어떤 차이가 있을까요? 여러분은 생각나는 것들이 있으신가요?

'창조하다'라는 단어의 사전적 의미를 찾아볼게요.

창조하다

1. 전에 없던 것을 처음으로 만들다.
2. 신(神)이 우주 만물을 처음으로 만들다.
3. 새로운 성과나 업적, 가치 따위를 이룩하다.

'**전에 없던 것을 처음으로 만들다.**' 사전에 이렇게 적혀 있습니다.

여러분이 크리에이터가 된다는 것은 세상에 없던 것을 만드는 사람이 된다는 의미입니다. 이미 있는 것과 비슷한 것을 따라 만드는 것이 아니라 아무도 본 적 없는 새로운 것을 만들어야 합니다. 이미 만들어진 것을 보면 '별것 아닌 것'처럼 보일 때가 많습니다. 하지만 사소한 듯 보여도 '무'에서 '유'로 만드는 것은 쉬운 일이 아닙니다.

이전에 이미 만들어져 있는 수많은 이모티콘을 보면서 '이런 비슷한 느낌으로 나도 만들면 되겠네.'라며 간단하게 생각하신 분도 많으실 거예요. 하지만 아주 간단해 보였던 것들도 막상 해보면 그리 간단하지 않은 경우가 대부분입니다. 그리고 너무 쉽게 생각하고 일에 뛰어들면 포기하기도 쉽더라고요. 적당한 무게의 마음가짐이 중요한 것 같습니다.

나만의 필터 장착하기

이모티콘 창작자가 된다는 것은 나만의 무언가를 만드는 사람이 되는 것을 의미합니다. 요즘 이모티콘 숍을 보면 비슷하게 생긴 캐릭터가 꽤 많습니다. 인기 있는 캐릭터와 유사하게 만든 캐릭터가 많기 때문인데요. 누군가의 창작물과 비슷하게 만들게 되면 처음 시작할 땐 편할지 몰라도 나만의 이름으로 기억되기는 쉽지 않습니다. 그리고 저작권에 대한 논란에서도 자유로울 수 없죠. 그러니 처음부터 제대로 '나'다운 것을 만들자는 것입니다.

그러면 도대체 어디서부터 시작해야 하나 막막하죠?

모든 창작의 시작은 나 자신에서부터 시작합니다. 여러분 자신에게 답이 이미 있습니다. 세상에 없던 것을 만들려면 가장 나다운 것을 만들면 됩니다. 여러분은 세상에 단 한 사람이기 때문에 **나다운 것, 나로부터 시작된 창작물**은 남들과 비슷해질 염려가 덜합니다.

창작을 한다는 것은 우리 자신이 세상을 보는 하나의 필터가 되는 일입니다. 하나의 예를 살펴볼게요. a와 b, c라는 세 사람이 있습니다. 세 사람은 노을이 지는 강가를 함께 거닐며 시간을 보냈고 많은 영감을 받았습니다. 세 사람 모두 창작을 하는 사람이었어요. a는 집으로 돌아와 석양과 고요했던 강가를 떠올리며 작곡을 하고, b는 산책하는 일상에 대한 글을 썼습니다. 그리고 c는 강 위에서 놀고 있던 오리를 떠올리며 오리 캐릭터를 만들었습니다. 이렇게 세 사람은 함께 시간을 보낸 후 각각 창작을 했습니다. 각자의 방식, 서로 다른 언어로 말이죠. 여기서 석양의 강가라는 인풋(input)은 세 사람 모두 동일했습니다. 그렇지만 그 시간 속에서 a는 붉은 석양이 마음에 남았고, b는 산책하는 자신의 일상에 대해 생각했고, c는 산책 중 보았던 여러 가지 존재들, 특히 오리가 머리에 남았습니다. 그렇게 각자의 필터를 거치면서 여러 가지 창작물(output)로 다시 태어났습니다.

우리는 같은 길 위에서 다른 것을 봅니다.
같은 풍경이라고 생각하겠지만 사람마다 전혀 다른 것을 봅니다.
우리가 다른 필터를 가진 사람이기 때문입니다.
그리고 전혀 다른 결과물(output)을 만들죠.

예전에 그런 일이 있었습니다. 사무실에 퀵서비스 아저씨가 오시기로 했는데 사무실 근처에 와서 빌딩을 못 찾겠다고 제게 전화를 했어요. 근처에 뭐가 보이냐고 물었더니 꽝꽝 노래방이 보인다고 했습니다. 그 동네에 5년 넘게 산 저였지만 그 노래방을 몰랐어요. 그래서 잘 모르니 다른 큰 건물이나 마트 같은 것이 보이지 않느냐고 다시 물었더니 ○○ 설비가 보인다고 하는데 그것도 모르겠더라고요. 또 모른다고 하니 아저씨가 버럭 화를 냈습니다. 저 보고 길도 모르는 아가씨라며 언성을 높였어요. 일단 아저씨께 근처에 차를 세우고 GPS를 잡아 보내달라고 했습니다. 그리고선 제가 찾아가서 물건을 주려고 건물을 나오자마자 고개를 돌렸더니 정면 빌딩에 꽝꽝 노래방이 보였어요. 너무 황당한 순간이었어요. 몇 년을 지나다닌 길인데 그 이름을 처음 발견한 순간이었어요. 그리고 GPS를 따라 길을 가다 보니 단골 식당 옆에 ○○ 설비도 있었어요.

같은 길 위에서 저는 늘 마트나 커피 숍만 보았고(그 외에도 빵집, 맛있어 보이는 밥집은 열심히 살펴보며 다닙니다. 좋아하는 것 리스트에 제일 먼저 맛있는 거라고 적은 사람), 아저씨는 초행길에도 노래방과 설비 가게를 보았죠. 그것은 우리가 평상시에 관심 두는 것들을 의미합니다.

여러분은 일상에서 무엇을 보고 계신가요?

여러분이 매일 다니는 길에서 눈 감고도 설명할 수 있는 가게들이 있나요?

눈여겨 본 가로수나 꽃들이 있나요?

여러분이 기억하는 것들은 여러분의 필터에 여러모로 반영됩니다.

'○○○의 필터'

온전한 여러분의 필터를 거쳐 나오는 창작물은 세상에 하나뿐인 색을 띨 수밖에 없습니다. 이미 만들어져 있는 것과 비슷하게 만들려고 하지 말고, 내 안에 있는 것을 찬찬히, 그리고 고요하게 들여다보고 끄집어내 주세요.

잘 보는 것

제가 이모티콘 오프라인 강의를 하면서 항상 하는 이야기가 있습니다.

이창동 감독의 영화 〈시〉에 나오는 시 수업 이야기인데요. 거기서 시를 쓰기 위해서는 잘 보는 것이 중요하다고 말합니다. 알고 싶고, 대화하고 싶고, 관심을 갖고 보는 것이 잘 보는 것이며, 시를 쓴다는 것은 이렇게 잘 보았을 때 보이는 진정한 아름다움을 찾는 것이라고 말하는 내용입니다.

그 수업을 들은 주인공 미자는 주변의 것들을 새롭게 바라보기 시작합니다.

여기서 본다는 의미는 단순히 시각적으로 본다는 것이 아님을 알 수 있습니다. 대상의 본질에 대해 깊게 탐구하는 것을 말합니다. 눈에 보이는 아름다움뿐 아니라 눈에 보이지 않는 아름다움도 찾을 수 있어야 합니다. 이제 여러분만의 필터를 장착하고 그동안 보지 못했던 새로운 아름다움을 발견하길 바랍니다.

about 이모티콘 크리에이터
좋은 창작을 위한 습관

모든 아웃풋은 인풋에 비례합니다. 보는 것, 생각하는 것이 많을수록 많은 것을 만들어내기 쉬워집니다. 활발한 창작을 위해선 많은 인풋이 있어야 해요. 일상에서 실천할 수 있는 몇 가지 방법을 알아봅시다. 이것은 한정적인 시간 안에서 많은 것을 잘 보기 위한 훈련이기도 합니다.

**첫째,
여행&체험&
독서**

사실 인풋 중 가장 효과가 큰 것은 여행입니다. 낯선 장소, 새로운 사람, 처음 맛보는 음식 등 모든 시간이 새로운 정보로 가득 차 있습니다. 심지어 우리 자신의 모습에서조차 일상에서 보지 못했던 다른 면을 발견하기도 합니다. 하지만 시간과 돈이 많이 드는 방법이라 바로 실행하기는 쉽지 않을 수도 있습니다.

조금 더 수월하게 가까운 곳에서 할 수 있는 걸 찾는다면 다양한 체험 활동 같은 것을 예로 들 수 있습니다. 각종 원데이 클래스, 체험 교실, 봉사활동 등 짧은 시간 안에 새로운 분야를 경험해볼 수 있는 것이 있습니다. 이런 활동도 시간적으로나 심적 부담이 된다면 가장 접근하기 좋은 것이 독서입니다. 시간적, 경제적 부담 없이 수많은 간접 체험을 할 수 있고, 우리 자신의 내면의 성장을 도와줍니다. 한 마디로 필터 업그레이드에 매우 용이합니다.

**둘째,
알던 것도
다시 보자**

새로운 것을 할 시간이 부족하다면 두 번째 훈련에 집중해야 합니다. 알던 것도 다시 보는 연습입니다. 너무 익숙해서 간과했던 많은 것을 다시 자세히 보세요. 사람도 물건도 풍경도 마찬가지입니다. 매일 만나는 사람, 항상 사용하는 물건, 매일 걷는 길을 조금 더 객관적으로 다시 바라봐주세요. 항상 보던 거리보다 조금 더 멀리서 바라보기도 하고, 평소 가까이하지 않았던 것들은 더 가까이에서 바라봐주세요. 보지 못했던 부분을 발견할지도 모릅니다.

꼭 새로운 일을 하거나 새로운 장소에 가야만 아이디어가 생기는 것은 아닙니다. 수많은 아이디어가 도처에 깔려있습니다. 아는 만큼 보인다는 말이 있습니다. 저는 거기에 한 문장을 덧붙이고 싶어요. 보는 만큼 표현할 수 있다고. 제대로 보는 것, 잘 보는 것은 정말 중요합니다.

**셋째,
그림이나 메모
끄적이기**

가끔 뜬금없이 좋은 생각, 기발한 아이디어가 번뜩일 때가 있습니다. 그런데 그런 생각들은 매우 강렬한 것 같지만 의외로 휘발성이 강합니다. 어젯밤 꾸었던 꿈처럼 금방은 생각이 나는데 시간이 조금만 지나면 기억나질 않습니다. 그래서 그것들이 사라지기 전에 꼭 적어두거나 그려놓아야 합니다.

길을 걷다가 또는 친구와 대화하다가 좋은 아이디어가 떠올랐다면 휴대폰 메모장에 바로 적어두세요. 요즘은 PC와 연동되는 메모 앱이 많아서 따로 옮기지 않아도 데스크톱에서 불러올 수 있어 매우 편리합니다. 저는 주로 짧은 글은 네이버 메모를 이용하고, 좀 긴 글은 에버노트 앱을 사용해 적어둡니다. 걸으면서 메모하고 싶다면 녹음기를 이용하는 것도 괜찮습니다.

다양한 방법으로 메모한 것들은 정기적으로 한 군데에 다시 정리하는 것이 좋습니다. 너무 많이 쌓이게 되면 정리할 엄두가 나지 않을 수 있거든요. 틈날 때마다 글로 정리하다 보면 별로인 것들과 제법 쓸 만한 것들이 추려집니다. 어느 정도 쌓이면 하나의 작업으로 완성할 수 있습니다.

이모티콘 제작에는 기본적으로 24개의 메시지 구성이 필요한데 이것들을 한번에 쓰려고 하면 생각이 잘 나지 않습니다. 평상시에 좋은 아이디어를 모아놓으면 작업할 때 정말 수월합니다.

앞서 이야기한 세 가지가 아이디어를 떠올리고 정리하고, 발전시키는 데 필요한 방법이었다면 마지막 네 번째는 실제 창작에 들어선 이후에 필요한 것인데요. 바로 '생각의 환기'입니다. 창작을 하다 보면 자기만의 생각에 갇힐 때가 있습니다. 그럴 때는 내 창작물과 적당한 거리를 둔 생각의 환기가 필요합니다. 잠시 손에서 내려놓고 내 작업을 남의 작업 보듯 객관적으로 바라보는 훈련을 해야 합니다.

스스로 객관적으로 보는 것이 어렵다면 믿을 만한 지인들에게 나의 작업을 보여주고 조언을 구하는 것도 좋습니다. 그들도 한 사람의 '대중'이니까 혹여 혹평을 듣더라도 기분 나빠 하기보다 마음에 새겨두어야 합니다. 작업이 잘 풀리지 않을 때는 물리적인 공간을 옮겨 일하는 것도 도움이 됩니다. 새로운 환경에 가면 이전에 보지 못했던 것이 보이기도 하거든요.

내 작업을 객관적으로 볼 수 있어야 해요.

나의 창작물과 적당한 거리를 두는 것, 잊지 마세요.

저의 이모티콘 작업을 소개합니다!

카카오톡

현재 판매되고 있는 두 개의 이모티콘입니다. 수채화로 그린 그림과 손글씨를 스캔해 포토샵에서 글씨 컬러를 바꾸고 애니메이션 이모티콘 작업을 하였어요. 구매한 분들로부터 다른 이모티콘과 느낌이 많이 달라 보인다는 이야기를 들었어요. 이모티콘 시장에서는 디지털 작업물이 대부분이라 수작업의 밀도가 더 강하게 느껴졌던 것 같아요. 저의 강점이 수작업이니까 그런 아날로그 감성을 살려서 디지털 작업에 녹여냈을 때 시너지가 났던 것 같아요. 그동안 다양한 작업을 했지만 좋은 성과를 냈던 것들이 대부분 그런 작업이었거든요. 여러 시도를 해보고 시장에서 반응이 좋은, 내게 특화된 스타일의 작업이 어떤 것인지 찾는 일이 참 중요한 것 같습니다. 그런 것들이 꾸준한 판매로 이어집니다.

라인

라인에 있는 제 스티커 중에 제일 잘 팔리는 스티커입니다. 출시된 지 오래되었고, 라인은 노출이 쉽지 않아 판매에 대한 기대가 크지 않았는데 의외로 꾸준히 팔리고 있어요. 이 스티커들은 태국, 대만, 미국에서 많이 판매되었어요. 여러분도 해외 판매를 원한다면 영어나 일본어, 중국어 등 다양한 언어로 제작하는 것도 도전해 보아요.

오지큐마켓

오지큐마켓에서 판매하고 있는 제 스티커 중 두 가지를 소개합니다. 페그의 일상은 제가 이모티콘에 대해서 잘 모르던 때 처음 만들었던 에그프렌즈 시리즈 스티커예요. 디지털 작업보다 수작업을 주로 했던 때라 종이에 그린 그림을 포토샵에서 색만 추가해 제작한 스티커입니다. 다듬어지지 않은 어설픔이 있지만 처음 작업했던 거라 애정이 많이 가요. 그리고 한글 캘리 2 스티커엔 재밌는 사연이 있어요. 어느 날 네이버 연예 탭에 있는 장기용 배우님의 사진을 눌렀는데 그 포스트를 읽다가 거기에 사용된 제 스티커를 발견했어요. YG 엔터테인먼트 공식 포스트가 제 스티커를 구매했었나 봐요. 포스트 글 여기저기에 많이 사용했더라고요. 네이버 메인 화면처럼 노출이 많은 페이지에서 보이는 글에 스티커가 노출되면 누군가는 그 스티커를 눌러 상품 페이지에 와서 구매하기도 합니다. 그 덕에 제 스티커가 그 시기에 판매량이 급증하는 고마운 일이 생겼죠.

공식 포스트나 파워블로거가 스티커를 구매해서 사용하면 홍보 효과가 있어요. 많은 사람에게 노출이 되니까요. 다른 플랫폼도 마찬가지예요. 내 스티커를 누군가 사용한다는 게 곧 홍보인 셈이죠. 그러니 이모티콘이나 스티커가 출시되면 주변 사람에게 꼭 선물하세요. 특히 자주 사용할 만한 사람들에겐 꼭이요. 그들이 좋은 홍보대사가 되어 줄 거예요.

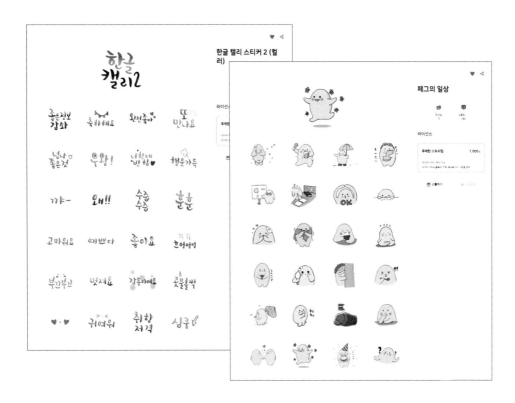

실습 코너

아래 질문지는 제가 2017년 11월 이모티콘 제작 강의를 시작하면서부터 꾸준히 사용해온 과제입니다. 여러분 자신에 대해 기록하면서 내가 만들 창작물의 방향을 고민해보아요.

1 좋아하는 것이란 말을 들었을 때 가장 먼저 떠오르는 것

_____

_____

2 분야 상관없이 좋아하는 작가

_____

_____

3 좋아하는 캐릭터와 그 이유

_____

_____

4 모으고 있거나 앞으로 수집하고 싶은 아이템

_____

_____

5 내가 평소에 즐거워하는 놀이나 취미

_____

_____

6 즐겨듣는 노래 장르와 즐겨보는 영화 장르

_____

_____

7 좋아하는 색과 내가 생각하는 그 색이 가진 이미지

_____

_____

8 낙서할 때 제일 많이 쓰거나 그리는 것

_____

_____

9 내가 자주 쓰는 이모티콘은?

_____

_____

10 어떤 이모티콘을 만들고 싶나요?

_____

_____

① 좋아하는 것이란 말을 들었을 때 가장 먼저 떠오르는 것

맛있는 거, 햇살, 고요함, 식물, 젖은 풀 냄새, 여행

② 분야 상관없이 좋아하는 작가

데이비드 호크니, 미야자키 하야오, 알폰스 무하, 베아트릭스 포터

③ 좋아하는 캐릭터와 그 이유

미키 마우스, 찰리 브라운, 스누피, 피터 래빗, 펭수, 베니, 어피치, 오버액션토끼

④ 모으고 있거나 앞으로 수집하고 싶은 아이템

피너츠 캐릭터들 피규어, 좋아하는 캐릭터 인형이나 피규어들

⑤ 내가 평소에 즐거워하는 놀이나 취미

손으로 뭔가 만들기, 그림 그리기, 홈 가드닝, 좋아하는 영화나 드라마 보기

⑥ 즐겨듣는 노래 장르와 즐겨보는 영화 장르

음악-발라드, 클래식(특히 피아노)

영화-멜로, 드라마, 추리물, 그리고 일본 영화 감성 좋아함

⑦ **좋아하는 색과 내가 생각하는 그 색이 가진 이미지**

녹색 계열의 채도 낮은 컬러들-보기에 편안하고 질리지 않는다

베이지에서 브라운으로 넘어가는 컬러들-따뜻하고 다정한 느낌

웜그레이-어디에나 잘 어울리는 멋진 조연

⑧ **낙서할 때 제일 많이 쓰거나 그리는 것**

선 긋기, 도형 그리고 선으로 채우기(나도 모르게 1~2mm 간격의 촘촘한 가는

선을 종이에 계속 채우며 그리고 있음)

⑨ **내가 자주 쓰는 이모티콘은?**

웃는 거, 축하하는 거, 잘 자요, 안녕, 파이팅

⑩ **어떤 이모티콘을 만들고 싶나요?**

나만의 스타일이 잘 묻어나는 이모티콘. 요즘 비슷하게 생긴 캐릭터 이모티콘이

너무 많다. 꾸준히 사랑받는 이모티콘. 굵고 길게 가면 좋겠지만,

만약 그게 안 된다면 가늘고 길게라도 가자!

이모티콘 제작에 앞서 이모티콘 시장에 대해 알아보는 시간을 가져볼 거예요.

여러분이 앞으로 활동하게 될 플랫폼은 카카오톡, 라인, 네이버 밴드,

오지큐마켓 등이 있습니다. 플랫폼마다 성격도 다르고 이용자들의 성향도 다릅니다.

그래서 이모티콘을 제작할 때도 그런 부분을 다 반영해야 합니다.

이왕 만들 거라면 제대로 기획해서 제작하면 잘 팔릴 확률이 높겠죠?

어떻게 하면 플랫폼에 맞는 기획을 할 수 있는지,

나에게 맞는 플랫폼은 어디일지 알아볼까요!

Chapter 1

이모티콘 시장 분석 및 전략

카카오톡, 라인, 네이버 밴드, 오지큐마켓
플랫폼별 성격과 전략

이모티콘을 제작하기 전 우리가 제작할 이모티콘을 어디서 출시할 수 있는지 알아봅시다. 플랫폼마다 성격이 조금씩 다르기 때문에 그에 따라 제작할 콘텐츠의 내용도 조금씩 바뀌므로 각 플랫폼에 대한 정보나 각각의 트렌드에 대해 잘 알아두어야 합니다.

제가 여러분께 추천하는 플랫폼은 네 군데입니다. 카카오톡, 라인, 네이버 밴드, 그리고 오지큐마켓입니다.

각 플랫폼의 성격을 보자면 일단 카카오톡과 라인은 여러분이 잘 아시다시피 메신저 애플리케이션(이하 앱)입니다. 대화를 위한 앱이기 때문에 대화에서 자주 쓰이는 이모티콘을 제작하게 됩니다. 그리고 네이버 밴드는 커뮤니티 앱입니다. 주로 동호회나 동창회 등 각종 모임이나 종교 관련 모임, 취미별 모임이 많이 활성화되어 있습니다. 커뮤니티 성격을 띠기 때문에 온라인상에서 만난 사람들의 인사와 안부, 게시물에 대한 각종 리액션을 주로 많이 사용합니다. 마지막으로 오지큐마켓은 네이버 그라폴리오마켓의 새 이름입니다. 네이버 블로그와 카페, 포스트 앱 등에서 사용되는 스티커이기 때문에 주제를 정해 제작하는 것이 좋습니다. 위의 내용은 대략적인 설명이고요. 각 플랫폼의 시장 규모나 전략에 대해서 자세히 알아보도록 합시다.

카카오톡

국내 사용자 최대
월별 출시 이모티콘 개수 제한
(제안서 통과가 어려움/제안서 결과 평균 2주 이내 통보)

시장 규모로 보면 카카오톡이 제일 우세합니다. 국민 앱이라 불릴 만큼 사용자도 많고 그에 비례해 이모티콘 숍의 매출 규모 또한 월등히 높습니다. 입점할 수만 있다면 다른 플랫폼에 비해 높은 수익을 기대할 수 있습니다.

하지만 매달 제안이 수천 건에 달하는데요. 그중 한 달에 평균 150여 건이 심사에 통과해서 출시까지 가게 됩니다. 그럼 150등 안에만 들면 된다고 생각하시는 분들이 계실 텐데요. 또 단순히 그런 것도 아닙니다.

카카오톡에는 이미 출시된 인기 이모티콘이 있습니다. 회사도 있고 개인 작가도 있는데요. 회사인 경우엔 이모티콘이 한 달에 1~2개 이상 출시되는 경우도 많습니다. 팀 단위로 일을 하며 회사에 캐릭터도 여러 가지가 있기 때문에 상당히 빠르게 제작됩니다. 그런 이모티콘과 기존 작가의 신규 이모티콘이 아마도 100개 중에 절반 이상을 차지하게 될 거예요.

그래서 실제 제안을 넣어서 통과되어 신규 CP(Content Provider, 콘텐츠 제공자)가 되는 것은 더 어렵게 느껴질 수 있습니다. 그렇다면 일단 통과가 되기 위해 필요한 게 무엇일까요?

카카오톡 담당자가 여러 인터뷰를 통해 심사 기준에 관해 이야기한 것을 보면 크게 차별성, 대중성, 완성도, 기획력 등의 항목을 중점적으로 심사한다고 합니다.

예전에 카카오톡 이모티콘 스튜디오가 생기기 전에는 개별 메일로 왜 반려되었는지, 어느 부분의 점수가 부족했는지 상세히 설명해주었는데 지금은 동일한 내용의 반려 이메일로 오기 때문에 정확한 반려 사유는 알 수 없습니다.

그러니 직접 이모티콘을 제작하면서 항상 이 네 가지 항목 중 어느 부분에서 점수를 많이 받을 수 있는지, 어느 부분이 모자란지 객관적인 체크를 해야 합니다. 만약 차별성도 있고 대중성도 높지만, 그것을 표현할 그림 실력이 부족하다면 그림 연습을 꾸준히 해서 퀄리티를 올려야 합니다.

라인

일본과 동남아 주로 사용
이모티콘 출시 개수 제한 없음
(이모티콘 숍에서 경쟁 치열)

네이버 라인은 우리나라에서는 이용자 수가 적지만 일본과 동남아 지역의 여러 국가에서는 카톡과 같은 대표 채팅 앱으로 쓰이고 있습니다. 우리가 '카톡 할게.'라고 말하는 것처럼 일본에선 '라인 할게.'라고 말하곤 합니다. 이모티콘 숍의 전체 규모가 카카오톡보다 훨씬 더 크고 매출 규모 또한 더 큽니다.

라인은 여러 국가에서 사용되다 보니 각 나라의 크리에이터에 대해 이모티콘 숍 입점이 오픈되어 있습니다. 심사도 까다롭지 않아서 제안 넣은 내용이 폭력성, 선정성, 욕설 등의 내용을 담고 있는 것이 아니면 대부분 통과됩니다.

입점이 쉬운 플랫폼이라 신규 업데이트되는 이모티콘의 개수가 많아 내부 경쟁이 치열합니다. 해외 작가까지 있으니 더더욱 그렇습니다. 신규로 판매가 되기 시작해도 이모티콘 숍 신규 탭에서 자신의 이모티콘을 찾기가 쉽지 않습니다(워낙 업데이트가 많다 보니 올라오자마자 스크롤 저 아래로 내려가거든요). 그래서 이모티콘을 제작한 후에 직접 링크를 걸어 홍보하는 것이 아니라면 판매가 쉽지 않습니다.

라인에서 성공하고 싶다면 SNS나 블로그 등 여러 채널을 통해 열심히 홍보해서 초기 판매량을 늘려 인기 순위에 진입하는 걸 목표로 움직여야 합니다.

오지큐마켓

네이버 블로그, 포스트, 카페에서 사용
입점 과정 심플
(반려되어도 수정 가능)

오지큐마켓은 진입장벽이 낮아 첫 단계로 시작하기 좋은 플랫폼입니다. 제안서를 넣었을 때 제작상의 문제가 있는 게 아니면 거의 통과가 됩니다.

만약 반려되더라도 어떤 문제로 반려가 되었는지 알려주기 때문에 그 부분만 수정해서 다시 업로드하면 승인될 수 있습니다. 판매 거절이 아니라 업로드한 파일의 문제점을 보완하라고 알려줍니다.

실제 있었던 사례를 알려드릴게요. 이미지 내에 술이나 담배가 있는 경우, 배경이 투명해야 하는데 일부 남아있는 경우, 이미지 내에는 채색이 다 되어 있어야 하는데 비어 있는 부분이 있는 경우, 상표권 침해한 이미지가 있는 경우 등 다양한 사유가 있었어요. 이런 부분을 주의해야 합니다.

요즘 신규로 업데이트되는 양이 많다 보니 노출되기 어려운 면이 있어 본인이 적극적으로 홍보하지 않으면 판매로 이어지기는 쉽지 않습니다. 다만 퀄리티가 좋은 스티커인 경우엔 오지큐마켓 첫 화면 추천 코너에 소개되어 노출되면 매출에 도움이 되곤 합니다.

오지큐마켓에서 판매되는 스티커는 네이버 블로그, 포스트, 카페에서 사용됩니다. 포스팅하는 본문과 댓글에 사용할 수 있고, 사진에도 스티커를 붙일 수 있습니다. 이런 사용 용도를 고려해 다양한 주제별(여행, 육아, 취미, 리뷰, 뷰티 등)로 스티커를 구성해도 좋고, 사람들이 기본적으로 많이 쓰는 댓글용 스티커를 제작하는 것도 좋습니다.

네이버 밴드

**샘플 이미지 개수 적음
(멈춰 있는 이모티콘 5개)
신상품이 많지 않음**

네이버 밴드는 앞서 설명한 카톡이나 라인처럼 일상에서 자주 쓰는 채팅 앱이 아닌 커뮤니티 앱이라서 좀 생소하게 여겨질 수 있는데요. 많은 분이 이용하고 있습니다(누적 다운로드가 1억 2천만을 돌파했다고 합니다). 저도 밴드에 스티커를 출시하기 전부터 이 앱을 이용했고 다른 분이 만든 스티커를 사용했어요. 그러다 '나도 여기에 스티커 출시하고 싶다.'는 생각이 들어서 제안했고, 다행히 승인되어 출시하게 되었습니다.

밴드는 이용자 규모에 비해 스티커 숍 매출 규모가 아주 큰 편은 아닙니다. 하지만 한 달에 출시되는 스티커 숫자가 타 플랫폼에 비해 훨씬 적기 때문에 신규 탭에서의 노출 기간이 길고, 출시되는 모든 스티커를 밴드 내에 배너 광고를 해준다는 장점이 있습니다. 카카오톡에서는 인기 작가의 이모티콘 위주로 광고를 하는 것에 반해 밴드에서는 모두가 평등하게 노출될 기회를 얻을 수 있습니다.

대신 출시되는 스티커 수가 적다 보니 승인율이 높진 않습니다. 트렌디하고 아이디어가 반짝이는 스티커보단 귀엽고 사랑스러운 캐릭터 이모티콘이 대체로 잘 팔리는 경향이 있고, 예의 바르고 친절한 느낌의 메시지가 많이 이용됩니다.

카카오톡, 라인, 네이버 밴드, 오지큐마켓
플랫폼별 수익 구조와 정산

2017년도 기사에 나온 자료를 보면 카카오톡에서 한 해 동안 10억 이상의 매출을 올린 작가의 수가 24명으로 발표되었어요. 라인에서는 매출 상위 10위의 연 매출 평균이 50억 원을 넘었다고 합니다. 2020년 카카오가 9주년을 맞이해 발표한 데이터를 보면 1억 원 이상 매출을 낸 이모티콘은 1,300개, 10억 원 이상 매출을 낸 이모티콘 시리즈는 73개(누적 기준)라고 합니다.

어마어마한 규모죠? 아마 앞으로 더 많아질텐데요. 다만 여기서 오해하지 않아야 할 것은 발표된 금액이 '매출'이라는 것입니다. 많은 분이 이모티콘 작가가 저 금액을 받는다고 오해를 했습니다. 이모티콘 숍에서의 매출은 소비자가 결제하는 금액을 말합니다. 매출에서 유통 수수료를 제외한 순이익 금액을 플랫폼과 작가가 일정 비율로 나눠 가지는 구조입니다. 평균적으로 앱에서 결제되는 매출 금액에서 약 35% 정도를 작가가 받게 됩니다.

여러분 혹시 아시나요? 카카오톡 앱에서 결제하는 이모티콘 가격과 pc 버전에서 구매하는 이모티콘 가격이 다릅니다. 앱에서는 2,500원에 팔고 있는 이모티콘을 pc 버전에서는 10~20% 할인 쿠폰을 적용해서 판매합니다. 2021년 5월 기준으로는 웹 사이트에서 2,000원에 판매되고 있습니다. 이 이야기를 처음 접하신 분은 도대체 왜 그런 건가 싶을 텐데요. 바로 모바일 유통 수수료 때문입니다.

플랫폼별 수익 구조와 정산

카카오톡
[30% 유통 수수료] 나머지에서 50% 작가
두 달 뒤 정산(ex.3.1~3.31일 판매액→5월 15일 정산)

라인
[30% 유통 수수료] 나머지에서 50% 작가
1,000엔 넘으면 페이팔로 정산 가능

네이버 밴드
[30% 유통 수수료] 나머지에서 50% 작가
익월 정산

오지큐마켓
[30% 네이버, 70% 작가]
익월 정산

위의 표를 보면 모바일 앱 플랫폼의 유통 수수료가 30%로 되어있습니다. 이 수수료는 모든 모바일 기기의 앱 유통을 담당하고 있는 구글(play store)과 애플(App store)이 가져갑니다. 여러분이 어느 앱에서 얼마를 결제하든 그 모든 금액에서 30%는 저 두 회사가 가져가게 됩니다. 그래서 플랫폼은 매출 금액의 70% 금액을 구글과 애플로부터 정산받는데 그 금액을 작가와 계약된 비율로 수익을 배분합니다.

카카오톡

카카오톡은 유통 수수료를 제외한 금액에서 50%를 작가에게 정산해줍니다. 전체 매출액의 약 35% 금액을 작가가 받게 됩니다. 앞서 이야기했던 pc 버전에서는 유통 수수료가 없으니 정산액이 조금 더 많을지 모른다고 기대하는 분들이 계실 수도 있을 텐데요. 그 부분도 모바일과 동일하게 적용되고 있습니다. 최근에 이모티콘 플러스라는 구독 서비스가 오픈되었는데요. 그 부분은 구독 서비스 전체 매출 금액에서 유통 수수료와 여러 가지 비용을 제외하고 나머지 금액을 구독자가 사용한 이모티콘의 사용량만큼 해당 작가에게 분배하는 형식으로 정산됩니다.

TMI 카카오톡은 계약 시 사업자로 계약하는 것을 우선시합니다. 다른 업종의 사업자번호가 있는 경우 업종을 추가해 그 번호로 계약하도록 합니다. 사업자이신 분들은 참고하세요.

라인

라인도 동일하게 매출액의 35%를 작가가 받습니다. 한 가지 유의할 점은 네이버 라인은 NHN의 일본 법인에 소속되어 있어 우리나라 작가도 해외 작가로 구분됩니다. 해외 작가는 정산받을 금액의 약 20%의 금액을 세금으로 냅니다. 이때 일본에도 세금을 내고 국내에서 또 소득세를 내게 되므로 이중으로 세금 부과가 되는 걸 막기 위해 한일 간 조세협약이 되어 있습니다. '조세협약' 서류를 작성해서 라인 일본 본사로 우편을 보내서 승인 처리가 되면 세금을 10%만 내게 됩니다. 서류 처리를 완료했을 경우 35% 정산액에서 다시 10% 세금을 제외한 금액을 정산받을 수 있습니다. 조세협약 관련 서류는 라인 크리에이터 사이트 내에 링크되어 있습니다.

라인의 정산은 페이팔 계정으로만 받을 수 있습니다. 라인 크리에이터로 등록할 때 페이팔 계정을 입력해야 하기 때문에 크리에이터 등록 전 페이팔에 가입해야 합니다. 페이팔의 기존 계정이 있다면 무료로 비즈니스 계정으로 업그레이드하면 되고, 새로 가입한다면 비즈니스 계정으로 가입합니다.

네이버 밴드

네이버 밴드는 유통 수수료를 제외한 70% 금액에서 50%를 작가가 받습니다 (2021 기준). 2020년까지는 작가별 차등 계약으로 정산되었는데 올해 초부터 유통 수수료를 제외한 금액의 50%를 모든 작가가 동일하게 받는 것으로 변경되었습니다.

밴드 앱의 스티커 숍에 들어가면 무료 탭이 있는 것을 볼 수 있어요. 프로모션 스티커는 밴드 스티커 숍 무료 탭에 노출되는 스티커로 앱을 다운로드받거나 밴드를 가입하는 등의 미션을 달성하면 무료로 받아 30일 동안 사용 할 수 있습니다. 간단한 참여로 무료 스티커를 받을 수 있기 때문에 정말 많은 이용자가 사용하고 있어요. 인기 스티커의 경우에는 한 달에 약 10만 건 정도의 다운로드가 발생하기도 합니다. 일반적으로는 6천~3만 건이라고 합니다. 기준 금액 이상 판매된 스티커 중에서 선정해 프로모션 스티커로 배포되는데요. 프로모션 스티커는 새로운 스티커가 들어가면 다운로드 회수가 저조한 스티커가 빠지는 형식으로, 전체 개수가 일정하게 유지되고 있는 것으로 보입니다. 지속적인 노출과 재다운로드가 가능하다는 점 때문에 인기 있는 스티커는 안정적인 수익을 낼 수 있습니다.

정산은 스티커 다운로드 건수에 단가를 곱한 금액에서 영업 및 운영 수수료를 제한 수익을 네이버 밴드와 작가가 50:50으로 배분받게 됩니다.

오지큐마켓

오지큐마켓은 PC 기반의 플랫폼이라 유통 수수료가 따로 없고 네이버 30%, 작가 70%로 나눠 가집니다. 스티커 가격이 보통 1,000원(멈춰 있는 스티커), 2,000원(애니메이션 스티커)으로 건당 정산액이 타 플랫폼에 비해 비슷하거나 높은 편입니다. 네이버 블로그나 포스트 활동을 하고 있다면 홍보가 유리하기 때문에 다른 작가에 비해 초기 판매를 비교적 안정적으로 시작할 수 있는 장점이 있습니다.

자신의 창작물과 플랫폼의 성격이 잘 맞는 곳은 창작자마다 다릅니다. A 플랫폼에서 큰 인기를 얻었는데 B에서는 그렇지 않을 수도 있어요. 여러 플랫폼을 경험하며 직접 경험을 쌓아가는 것이 좋습니다. 여러분에게 잘 맞는 플랫폼이 어디일지 문을 두드려보세요.

대만 라인 공식 스티커 작업을 소개합니다!

아래 작업은 대만 라인과 작업한 공식 스티커입니다. 2019년 대만 라인팀으로부터 영어로 된 이메일 한 통을 받았어요. 카카오톡에 출시된 제 이모티콘 작업이 매우 마음에 들어서 중국어로 번역해 대만 라인에 공식 스티커로 만들면 좋겠다는 메일이었어요.

라인의 스티커 숍은 공식과 크리에이터스 탭으로 나뉘어 있는 것을 볼 수 있는데요. 국내 라인 공식 스티커에는 라인 캐릭터, 또는 다른 유명 캐릭터, 연예인 스티커 등이 있습니다. 그에 비해 대만 라인은 개인 작가와도 자주 작업을 하는 것 같아요. 공식 스티커는 노출되는 탭이 크리에이터스와 아예 분리가 되어 있기 때문에 노출이 훨씬 쉽다는 장점이 있어요. 라인 크리에이터로 등록이 되더라도 별도의 계약을 하게 돼요. 계약 및 세금 관련 서류 모두 영어로 작성해 일본 라인 본사로 보냈고, 정산도 크리에이터스 수입과 별개로 제가 지정한 은행 계좌로 따로 받고 있어. 크리에이터스랑 많이 다르죠?

번역은 대만 라인 팀에서 직접 맡아서 하였고, 일부 대만에서 자주 쓰지 않는 표현은 다른 내용으로 변경되었어요. 글자만 바꾸는 작업이지만 결국 애니메이션 작업을 모두 새로 작업하였기 때문에 시간이 꽤 걸렸어요. 그리고 한자를 손글씨로 써야 했는데, 한문을 쓰는 게 익숙하지 않다 보니 대만 사람들에게 어떤 느낌의 손글씨로 느껴질지 감이 안 오더라고요. 그래서 다양한 시도 끝에 결국 아주 반듯한 느낌의 한자가 되었어요. 뭔가 더 귀엽고 사랑스러운 글씨를 쓰고 싶었지만 한자를 어떻게 써야 귀엽고 사랑스러운지 모르니 할 수 없죠.

이런 아쉬운 점이 남긴 했지만 작업을 하면서 이모티콘이라는 게 내가 생각했던 것보다 훨씬 더 많은 사람에게 닿을 수 있는 매개체구나 생각했어요. 그리고 생각지 못한 길을 열어주기도 하고, 새로운 경험을 하게 해주었어요. 여러분에게도 이모티콘 제작이 새로운 길의 시작이 될 수 있으니 열심히 해보아요.

어떤 이모티콘을 만들지 계획이 세워졌나요?

그럼 이제 본격적으로 제작으로 넘어가 볼게요.

첫 이모티콘 제작은 우선 난이도가 낮은 멈춰있는 이모티콘으로 먼저 도전해요.

멈춰있는 이모티콘도 다양한 스타일로 제작이 가능하답니다.

손그림, 손글씨, 캐릭터 등 여러 유형의 제작법이 있어요.

그리고 포토샵에 익숙하지 않은 분도 꽤 많을 텐데 종이에 스케치한 것을

포토샵에서 따라 그리는 방식도 있으니 겁내지 마세요.

차근차근 하나씩 배우며 나에게 맞는 스타일을 찾아요.

Chapter 2

이모티콘 제작
실전 & 멈춰있는
이모티콘 만들기

누구나 이모티콘 작가가 될 수 있다
이모티콘 기획하기

**이모티콘
종류**

이모티콘은 크게 멈춰있는 이모티콘과 움직이는 이모티콘으로 나뉩니다. 또 다른 이름으로 스티콘과 애니콘으로도 불립니다(플랫폼마다 지칭하는 이름은 조금씩 다릅니다).

멈춰있는 이모티콘은 한 장의 이미지로 하나의 메시지를 나타내기 때문에 작업이 수월합니다. 24개의 이미지가 하나의 이모티콘 세트가 되므로 작업 시간도 짧은 편입니다.

반면 움직이는 이모티콘은 하나의 이모티콘에 최대 24프레임의 이미지가 필요하기 때문에 작업 시간이 많이 소요됩니다. 또한 움직임을 표현할 수 있는 그림 실력도 있어야 하고, 관련된 포토샵 기능도 숙지해야 합니다.

처음 제작할 땐 멈춰있는 이모티콘부터 도전해서 출시하고, 그 후에 완성된 세트를 응용해서 움직이는 이모티콘에 도전하는 것을 추천합니다.

**이모티콘
제작 유형
살펴보기**

이모티콘 제작 방식

① 캐릭터　　　② 레터링　　　③ 사진 합성

이모티콘 유형에 대해 살펴볼게요. 저는 이모티콘을 크게 캐릭터, 레터링, 사진 합성 등의 방식으로 나눕니다.

캐릭터 이모티콘은 자신만의 독창적인 캐릭터를 만들어서 캐릭터가 메시지를 전달하는 방식입니다. 여러분이 잘 아는 카카오 프렌즈나 개인 작가의 오버액션토끼, 옴팡이, 늬에씨 등이 있습니다. 제일 많이 하는 방식이기도 합니다.

레터링은 폰트로 제작된 이모티콘이나 캘리그라피와 그림 등 글씨 위주의 이모티콘을 말합니다. 제가 했던 작업도 이 유형에 속하고, 제가 많이 하는 작업도 이미지와 손글씨를 메인으로 하므로 이 파트에 속한다고 할 수 있습니다.

사진 합성은 사진 일부를 그대로 사용하여 그림을 덧그리는 방식도 있고, 동영상을 GIF로 변환해서 이모티콘으로 만드는 경우도 있습니다. 요즘은 유명 연예인 이모티콘이 많이 나오고 있습니다. 연예인 이모티콘은 짧은 영상을 GIF로 변환해 만드는 스타일이 대부분입니다. 가끔 영상 위에 글씨나 효과는 그림으로 덧그려 만드는 경우도 있습니다. 380만 이상의 구독자를 보유한 크림히어로즈의 영상으로 제작된 '크림히어로즈 고양이들' 이모티콘도 영상의 일부분을 GIF로 변환한 케이스입니다.

최근에 제가 네이버 밴드 스티커로 제작한 스티커가 영상이나 사진 위에 손글씨를 올려 만든 애니메이션 스티커인데요. 배경 부분이 이미지로 꽉 채워지고 프레임 수가 많다 보니 용량이 커져서 애니메이션 제작 단계에서 용량을 줄이는 데 시간이 많이 걸렸어요. 이런 부분은 승인 단계에서는 고려하지 못했던 부분인데 실제 제작해보니 그런 문제도 있더라고요.

어떤 제작 유형이 더 좋고 더 쉽다고 말하긴 어려운 것 같습니다. 사람마다 잘하는 게 다르기 때문인데요. 여러 방식 중에 여러분이 가장 쉽게 접근할 수 있는 방식부터 제작해보는 걸 추천합니다. 여러 가지 스타일을 하나씩 경험해보면 본인에게 맞는 방식을 찾을 수 있을 거예요.

**이모티콘
제작 과정**

이모티콘을 만들어 출시하기까지의 과정을 표로 쭉 살펴볼게요.

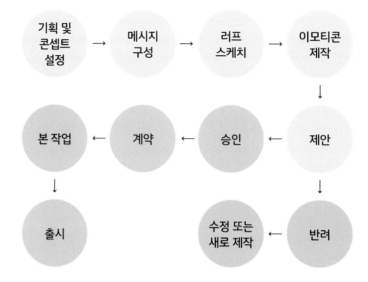

먼저 기획을 하고, 타깃을 정하고 전체 콘셉트와 제작 스타일을 정합니다. 그리고 그에 맞는 메시지를 플랫폼에 맞춰 추립니다. 그 후 내가 원하는 스타일로 이미지를 만듭니다. 처음엔 러프하게 시작해서 점차 다듬어갑니다. 그렇게 제출할 이미지 제작이 끝나면 제안을 해야겠죠. 그리고 평균 2주 정도 후 결과를 듣게 됩니다. 승인되면 계약을 하게 되고 본격적인 나머지 작업을 하게 됩니다. 그리고 완성되면 어느 정도 기간이 지난 뒤 출시가 됩니다. 만약 제안이 반려되는 경우엔 제출했던 내용을 더 보완해 다시 제안할 수 있고, 아니면 새로운 것을 제작해 제안할 수도 있습니다.

**이모티콘
타깃 정하기&
메시지
구성하기**

이모티콘 제작의 대략적인 과정을 앞서 살펴보았으니 이제 제작할 내용을 구성하는 단계로 넘어가 볼까요. 이모티콘은 대중을 상대로 하는 매우 상업적인 콘텐츠입니다. 내 콘텐츠를 필요하다고 느껴 구매해 줄 고객이 있어야 수입이 생깁니다. 대중이 필요로 하는 아이템을 만들어야 팔린다는 이야기죠. 그렇다고 해서 모든 연령대의 고객을 타깃으로 할 수는 없기 때문에 '어떤 대상을 타깃으로 만들 것인가'가 중요합니다. 그리고 트렌드의 영향을 많이 받는 분야이기도 하고, 유행이 매우 빠르게 바뀝니다. 잠깐 흥미를 끌 요소를 찾는 것이 아니라 지속적으로 내가 할 수 있는 아이템으로 정하는 것이 좋습니다. 일단은 본인의 연령대나 자신이 속한 사회 집단과 비슷한 사람을 타깃으로 하는 것이 유리합니다.

예시 1

만약 본인이 30대 직장 여성이라면 30대 직장인이 자주 쓰는 카카오톡 이모티콘을 만드는 게 쉬울 거예요. 직장 내 대화이기 때문에 경어로 제작하는 것이 좋겠죠. 상대에게 부탁을 하거나 파일을 주고받을 일이 많기 때문에 친절한 어조로 이야기하는 문구를 넣는 것이 좋겠습니다. 다양한 뉘앙스의 대답과 감사 인사도 필요합니다.

이런 내용의 이모티콘일 경우 귀여운 느낌의 캐릭터로 제작하거나 단정한 캘리그라피로 제작하는 것도 괜찮겠죠. 각자 작업할 수 있는 방향으로 스타일을 잡아봅니다.

예시 2

20대 초반의 남자 대학생의 경우라면 10대나 20대 대학생을 타깃으로 삼는 것이 좋겠죠. 10대 후반에서 20대 초반의 남자의 정서를 누구보다 잘 이해하기 때문에 그들끼리 하는 대화체를 제작하기에 어려움이 없을 거예요. 조금 병맛스럽고 유머 있는 기획도 좋을 거예요. 하지만 10대와 20대는 특히나 그들만의 트렌드나 유행어가 자주 바뀌는 세대이기 때문에 24개의 대화는 전체적으로 정한 스타일 내에서 자주 쓰는 메시지로 구성해야 합니다. 아무리 재밌더라도 사용 빈도가 낮은 메시지는 잘 쓰지 않게 되거든요.

메시지 24개 이상 적어보기

기획과 스타일이 정해졌다면 24개의 메시지를 구성해야 합니다. 구매한 고객이 실제로 자주 사용할 수 있는 메시지가 되도록 고민해야 합니다. 내가 자주 사용하는 이모티콘도 분석해보고 다른 친구들이 자주 사용하는 이모티콘도 살펴보세요. 그리고 단체방에서 자주 올라오는 이모티콘에는 어떤 것이 있는지 평상시에 유심히 보는 것이 좋습니다.

이모티콘을 배우러 오시는 분 중 그림 걱정을 하시는 분이 아주 많은데요. 의외로 참신한 기획과 메시지 구성이 판매를 좌우하는 경우도 많습니다. 차별화된 기획은 메시지 구성에서 다 드러나기 때문입니다. 메시지를 구상할 때는 딱 24개만 쓰지 말고 여러 가지 메시지를 생각나는 대로 쭉쭉 적어보세요. 이 과정에서는 앞서 설명했던 메모장 끄적이기를 활용해 평상시에 조금씩 메모해두었다가 30~40개쯤 모였을 때 메시지를 추려내면 더 알차게 구성할 수 있답니다.

플랫폼별 사이즈, 개수, 형식 비교

우리가 제작하게 될 이모티콘은 플랫폼마다 형식이나 사이즈가 조금씩 다른데요. 어떤 차이가 있는지 살펴볼까요? 아래 표는 제가 정리한 플랫폼별 이미지 가이드라인입니다.

	카카오톡	라인	네이버 밴드	오지큐마켓
스티커 사이즈(px)	360×360	370×320	370×320	740×640
샘플 스티커 개수	멈 32개/ 움 3개+멈 21개	멈 8, 16, 24, 32, 40개 중 선택/ 움 8, 16, 24개 중 선택(바로 등록)	멈 5개/ 움 3+멈 5개	멈, 움 24개 (바로 등록)
완성 개수	멈 32개/ 움 24개	위와 동일	멈 40개 (45개 제출, 그중 40개로 추려짐)/ 움 24개	위와 동일
제안용 파일 형식	멈 PNG/ 움 GIF	멈 PNG/ 움 APNG (바로 등록)	멈 PNG/ 움 GIF	멈 PNG/ 움 GIF (바로 등록)
최종 파일 형식	멈 PNG/ 움 WEBP	위와 동일	멈 PNG/ 움 APNG	위와 동일

*멈: 멈춰있는 스티커 / 움: 움직이는 스티커

우선 스티커 사이즈를 살펴보면 라인과 네이버 밴드만 동일하고 나머지가 다 다르고, 카카오톡만 정사각 비율인 것을 확인할 수 있습니다. 프레임의 모양에 따라 그 안에 들어가는 캐릭터의 움직임이나 배치가 달라집니다. 그래서 시안을 작업할 때도 이 부분을 고려해서 작업해야 합니다.

플랫폼 중에서 요구하는 파일 사이즈가 제일 큰 오지큐마켓은 제작할 작업의 사이즈가 최소 가로세로 800×800픽셀 이상이 되도록 작업하는 것이 좋습니다. 수업에서 수강생들에겐 가로세로 1000×1000픽셀 이상으로 작업하는 것을 권장합니다. 혹시나 카카오톡 사이즈로 작업했다가 반려되는 경우 다른 플랫폼에 제출해야 하는데 작은 사이즈를 크게 만들면 이미지가 깨지기 때문입니다(illustrator 작업 제외).

샘플 개수에 있어서는 네이버 밴드가 제일 적기 때문에 부담감이 덜합니다. 하지만 멈춰있는 이모티콘의 경우엔 제안이 승인되면 실제 제작은 45개를 만들어야 해서 다른 플랫폼의 2배 가까운 양을 작업해야 합니다. 멈춰있는 이모티콘은 출시되는 개수는 40개지만 제작 과정에서 45개를 제작해서 최종적으로 40개를 골라 출시하게 됩니다. 제안용으로 제출하는 개수가 적더라도 미리 어느 정도 작업을 해두는 것이 좋습니다.

제작 시 유의 사항

오프라인 수업에서 실습에 들어가기 전에 항상 먼저 알려드리는 부분이 저작권 관련 내용입니다. 창작자로서 저작권을 보호받는 것도 중요하지만 다른 이의 저작권을 침해하지 않는 것도 늘 신경 써야 합니다. 자주 실수하는 저작권 문제에 대해 알아보도록 합시다.

트레이싱

웹툰 분야에서 자주 제기되는 문제인 트레이싱은 이미 그려진 이미지나 사진을 대고 그리는 것을 말합니다. 보통 문제를 제기할 때 트레이싱 용어는 다른 사람의 창작물을 그대로 베껴 그리는 것을 말합니다. 어릴 적에 '기름종이'라고 불리던 종이를 사서 좋아하는 만화책에 대고서 베껴 그리곤 했었는데요. 그 종이가 트레이싱 페이퍼입니다. 요즘은 트레이싱 페이퍼가 없어도 포토샵이나 여러 프로그램에서 너무 쉽게 다른 사람의 창작물을 아래에 깔고 그대로 본떠 그릴 수 있습니다. 다른 사람의 창작물을 가져다 트레이싱을 해서 상업적인 결과물로 제작할 경우 법적인 문제가 생길 수 있습니다.

트레이싱 자체가 나쁜 것은 아닙니다. 여러 작업 방식 중 하나이고 그림을 배우는 학생의 경우엔 트레이싱이나 모작 연습하며 실력을 키우는 경우도 많습니다. 하지만 이모티콘을 제작하는 것은 상업 아이템을 만드는 일이기 때문에 상품을 만드는 과정에서 트레이싱 할 경우 다른 이의 저작권을 침해하지 않도록 해야 합니다.

여러 플랫폼의 이모티콘을 살펴보면 유명 연예인의 웃긴 표정을 캡처한 사진을 그대로 옮긴 경우를 종종 볼 때가 있습니다. 그림을 보고 해당 연예인을 바로 연상할 수 있을 정도면 그것은 이미지에 대한 저작권 위반이 될 수 있습니다. 혹여 다른 사람이 그런 작업을 하고 있다고 해도 따라 해선 안 됩니다. 대신 나의 저작물(사진, 그림)을 이용하거나 퍼블릭 도메인의 이미지를 이용하면 됩니다.

캐릭터의 동작이나 표정을 그릴 때 상상해서 그리기 어려운 경우가 많은데요. 이럴 때는 포즈를 검색하거나, 원하는 포즈가 없을 때엔 거울을 놓고 보면서 그리거나 사진으로 셀카를 찍어서 참고해 그리는 것이 좋습니다. 개인적으로는 거울보다는 사진을 찍어서 하는 방법이 훨씬 편한 것 같습니다.

TIP 퍼블릭 도메인이란 저작권이 소멸한, 혹은 국제 조약 미가맹의 금지 조치 없이 사용 가능한 작품을 가리킵니다. 요즘은 원작자가 스스로 퍼블릭 도메인으로 배포하는 경우도 많이 있습니다. 퍼블릭 도메인 작업물을 모아놓은 사이트가 있는데 그곳에서 필요한 이미지를 다운로드해 사용하면 됩니다. 구글에서 퍼블릭 도메인을 검색하면 더 많은 사이트를 볼 수 있어요.

퍼블릭 도메인 사이트
- 픽사베이(Pixabay) https://pixabay.com/ko/
- 언스플래쉬(Unsplash) https://unsplash.com/images
- 펙셀스(Pexels) https://www.pexels.com/ko-kr/

폰트

이모티콘을 제작할 때 글씨를 넣는 경우가 많아요. 그럴 때 손글씨를 직접 쓰는 게 아니라면 폰트를 사용하게 됩니다. 그런데 이 폰트가 평상시 포털에서 무료 다운로드 가능한 것이 많다 보니 본인 컴퓨터에 있는 폰트는 마음대로 사용해도 된다고 알고 계신 분들이 많아요. 그러다 큰일 납니다. 모든 폰트에는 사용 범위에 대한 정보가 있습니다. 포털에서 무료 다운로드 가능한 폰트는 대부분 개인 이용 시에만 무료 사용인 경우가 많습니다. 상업적으로 이용할 땐 별도의 이용료를 내고 사용해야 합니다.

우리가 만들 이모티콘은 상업적 사용이기 때문에 개인적으로만 사용 가능한 폰트는 사용할 수 없습니다. 그래서 상업적으로도 사용 가능한 폰트를 찾아서 사용하거나 직접 손글씨로 써야 합니다. 상업적으로 사용 가능한 폰트를 한눈에 살펴보기 쉽게 알려주는 '눈누 상업용 무료 한글 폰트 사이트'라는 곳이 있습니다. 사용하기 편리해서 수강생에게도 추천하는 사이트입니다. 포털에서 '눈누 폰트'로 검색하면 바로 나올 거예요. 무료 폰트를 검색하기 쉽고 사용 범위 확인도 편합니다. 거기서 내 이모티콘 콘셉트와 어울리는 글씨체를 골라 다운로드 사이트로 이동해 다운로드하면 됩니다. 항상 사용 전에 '사용 범위 확인' 잊지 마세요!

TIP 상업적 이용이 안 되는 폰트를 포토샵에서 트레이싱 해서 손글씨로 옮겨 쓰거나 형태를 조금 왜곡해서 변형하는 경우도 저작권 위반이라고 하니 하지 말도록 해요.

상업용 무료 한글 폰트 사이트

• 눈누 noonnu.cc

내 아이템 점검하기

1 전체 메시지 구성이 일관된 콘셉트로 제작되었는가?

콘텐츠 작업에서 명확한 콘셉트는 아주 중요한 부분입니다. 전체 메시지가 나의 의도에 맞게 콘셉트가 잘 드러나는 이미지와 텍스트로 구성되었는지 확인해 주세요.

2 기획은 참신한가?

매달 수천 건의 제안 중 내 이모티콘이 살아남으려면 남들과 다른 무언가를 가지고 있어야 합니다. 이전에 있던 뻔한 기획과 비슷한 이미지로는 문턱을 넘기 어렵습니다. 새로운 기획이되 쓸모 있는 것인지 다시 살펴봅시다.

3 내 아이템이 호감형인가?

판매가 되려면 여러분의 아이템이 스쳐보아도 뭔지 모르지만 어딘가 귀엽거나 정감 가는 구석이 있어야 합니다. 다른 말로 '매력'이라고도 표현할 수 있을 것 같아요. 수강생에게 캐릭터를 만들 때 너무 날카롭거나 어두운 이미지는 하지 말라고 당부합니다. 사람은 기본적으로 둥글고 귀엽고 편안한 걸 좋아하니까요. 캐릭터 구상 단계에서 이 부분을 꼭 기억하고 작업해 주세요.

4 내가 자주 쓸 만한 이모티콘인가?

나도 안 쓸 것 같은 이모티콘을 남들이 사용하길 바라면 안 되겠죠. 가끔 캐릭터 그림을 그리다 보면 그리기 편한 걸 찾게 되기도 하는데요. 제작하면 재미있을 것 같지만 그리기 어렵거나 복잡할 것 같아 시도하지 않는 경우도 꽤 많았어요. 사실 저도 그리기 편한 포즈로 여러 개 채운 적이 있거든요. 그렇게 안일한 마음으로 만든 건 역시나 결과도 안 좋더라고요. 그러니 여러분! 그리기 쉬운 것이 아니라, 잘 쓰일 만한 것을 만들기로 해요.

⑤ 이미지의 완성도는 높은가?

한때 병맛과 발그림이 유행하면서 막 그린 스타일이 인기 있었던 때가 있었습니다. 그 시리즈 중 아직도 인기를 끄는 것이 몇 개 있긴 하지만 전반적인 트렌드에서는 완성도 있는 귀여운 스타일로 많이 넘어간 추세입니다. 기획도 중요하지만 그런 기획을 잘 드러나게 하는 이미지의 완성도도 중요합니다. 어떻게 하면 내 그림의 완성도를 높일 수 있을지 꾸준히 연구하며 발전시켜 나가요.

⑥ 타깃층이 명확한가? 내 아이템의 대중성은 어떤가?

내가 생각하는 타깃층에게 대중적으로 사랑받을 수 있는지 객관적으로 평가해 보아요. 카카오톡 같은 플랫폼은 매달 한정된 수량의 이모티콘이 오픈되는데요. 더 많이 팔릴 만한 이모티콘을 승인해 주겠죠? 내 아이템을 소비할 거라 예상되는 타깃층을 주변에서 찾아 의견을 들어보는 것도 좋은 방법입니다. 단, 친분 때문에 좋은 이야기만 해주기보다는, 객관적으로 말해줄 사람으로 찾아서 물어보세요.

⑦ 메시지 중 비슷하거나 중복되는 내용은 없는가?

같은 개수의 이모티콘을 구매한다면 더 유용하게 쓸 내용이 많은 게 좋겠죠. 비슷하거나 중복되는 내용은 빼고, 부족한 내용을 더 채워보세요. 아이디어가 잘 생각이 나지 않을 땐 단체 대화방에서 사용되는 이모티콘이나 이모티콘 숍에서 판매되는 다른 아이템을 둘러보며 참고해요.

⑧ 이미지와 텍스트의 내용이 서로 잘 어울리는가?

텍스트 없이 제작하는 캐릭터 이모티콘도 있지만, 요즘은 텍스트를 넣어 제작하는 경우가 많아요. (이 부분도 살짝 유행이 있는 것 같아요.) 텍스트가 말하고 있는 감정과 캐릭터가 보여주는 감정이 서로 잘 일치하는지 살펴보아요. 어울리지 않는 텍스트는 없는지, 감정 전달이 제대로 안 되는 그림은 없는지 살펴보고 아쉬운 부분을 수정해 보아요.

⑨ 부정적인 메시지 비중이 너무 크지는 않은가?

보통 기쁘고 웃기고 즐거울 때 그런 감정을 더 강조하려고 이모티콘을 많이 쓰기 때문에 밝고 유쾌한 내용이 많이 사용됩니다. 부정적이거나 비판적인 내용이 필요한 경우 구색으로 몇 개만 추가해 주세요.

⑩ 기존에 있는 캐릭터와 유사하지는 않은가?

우리가 아이디어를 직접 내고 그렸다고 해도 그동안 봐온 것이 있어 무의식적으로 비슷한 것을 그리기도 합니다. 특정 동물 캐릭터를 구상하고 있다면 구글에 'OOO(동물 이름) 캐릭터'라고 이미지를 검색해서 기존에 나와 있는 캐릭터와 내 캐릭터가 겹치지는 않는지, 모방으로 오해받을 소지는 없는지 점검해 보세요. 이 단계에서 의외로 많은 수강생이 자신이 스케치한 것과 비슷한 다른 캐릭터를 발견하곤 했답니다.

⑪ 내가 제안할 플랫폼과 성격이 잘 맞는가?

보통 이모티콘을 제작하게 되면 조금씩 수정해서 여러 플랫폼에 도전하게 되는데요. 플랫폼마다 성격이 다르므로 제안 전 해당 플랫폼의 성격에 잘 맞게 구성이 되었는지 꼭 점검해 보셔야 합니다.

⑫ 기존에 제안했다가 반려된 이모티콘의 이유는 분석해서 보완했는가?

혹시 기존에 제안했다가 반려된 이모티콘이 있으신가요? 반려되었을 때 '아~ 안됐네.'로 그치지 말고 왜 승인되지 않았는지 분석해서 보완해야 합니다. 기획이 별로였는지, 캐릭터가 참신하지 않아서인지, 눈에 띄지 않아서인지, 대중성이 부족해서인지, 텍스트 내용이 별로였는지, 완성도가 전반적으로 부족해서인지 등 어느 부분이 아쉬웠는지 잘 분석해서 그다음 이모티콘을 만들 때 밑거름으로 써야 발전이 됩니다. 기존에 제안했던 아이템을 잘 수정해서 다시 넣을 수도 있고, 완전히 새로운 것을 만드셔도 됩니다. 다만 같은 실수를 반복하지 않도록 주변인들에게 조언을 구해서라도 이유를 꼭 찾아보아요.

다양한 캐릭터 표현

우리가 캐릭터를 만들 때 사람으로 만들 수도 있고, 동물, 사물 등 다양한 형태로 제작을 할 수 있는데요. 사람 얼굴과 마찬가지로 동물이든 사물이든 그 외곽의 형태가 인상을 많이 좌우합니다.

착하고 귀여운 캐릭터를 그리고 싶다면 일단 동글동글해야겠죠. 그리고 연령대나 직업 등 캐릭터에 다양한 성격을 부여할 땐 헤어스타일도 한몫하게 됩니다. 같은 얼굴이라도 사과머리와 아줌마 파마머리로 각각 그림을 그린다면 전혀 다른 결과물이 나오겠죠. 자신이 생각하는 캐릭터의 성격에 따라 헤어스타일이나 옷, 컬러 등에 개성을 심어주세요.

오래 살아남을 캐릭터를 만들기 위해 제작에서 가장 중요한 것은 내가 만들 캐릭터가 어떤 정체성을 가지고 있는가입니다. 예를 들어 토끼 캐릭터를 만든다고 가정하면 이미 나와 있는 수많은 토끼 캐릭터와 외모에서도 다른 면이 있어야 하고, 성격이나 세계관 등에서도 나만의 정체성을 가지고 있어야 합니다.

뽀로로가 날지 못하는 새, 펭귄이라서 날고 싶은 욕망을 드러내기 위해 비행사의 모자와 안경을 쓰고 있다는 사실을 아시나요? 단순히 펭귄의 생김새를 따라 만든 캐릭터가 아니라 캐릭터가 가진 스토리와 디자인이 연결됨으로 새로운 캐릭터를 만들어 낸 거죠. 여러분도 캐릭터를 만들 때 단순히 외관의 이미지만 떠올리지 말고 그 캐릭터가 가지고 있는 이야기를 만들어보세요. 이야기가 생기면 캐릭터의 성격이 만들어지며 그리기가 훨씬 수월해집니다. 그렇게 이야기와 캐릭터 형태가 만들어지면 그다음은 감정 표현으로 넘어가면 됩니다.

감정의 표현을 제일 많이 드러낼 수 있는 것이 표정이나 동작인데요. 이 부분은 이미 다들 알고 계실 거예요. 표정과 동작에도 내 캐릭터의 성격을 반영해서 넣어주면 더 효과적이에요. 예를 들면 긍정적인 성격의 캐릭터가 나쁜 이야기도 웃으면서 한다든지, 뚱한 성격의 캐릭터가 모든 이야기를 무표정하게 한다든지, 만약 느린 성격의 캐릭터라면 말도 동작도 천천히 하면 성격이 더 잘 드러날 거예요.

그리고 그중 의외로 중요한 부분이 눈썹입니다. 똑같은 눈, 코, 입에 눈썹만 다르게 그려도 표정을 바꿀 수 있을 만큼 눈썹 하나로 많은 것을 표현할 수 있으니 꼭 활용하시기 바랍니다.

작업 샘플 1 **캐릭터의 감정 표현(feat. 단지 눈썹만 바꿨을 뿐인데)**

멍하거나 무표정   응? 또는 유심히 보는 느낌

뭔가 조금 슬프거나 우울한 느낌   화나는 감정

살짝 언짢거나 불편한 느낌   불안하거나 긴장되는 느낌

선과 컬러

선의 질감과 컬러에 따른 느낌 변화를 한번 살펴볼게요.

같은 표정에 다른 외곽선을 그렸어요. 오른쪽 선이 더 날카롭거나 뾰족해진다면 더욱 강하고 날카로운 캐릭터가 될 거예요.

이제 색도 칠해봅시다.

그림 내부에 컬러를 채워주니 노랑과 검정의 보색 대비로 선의 느낌이 더 강하게 느껴지죠?

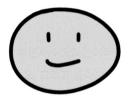 

선의 컬러에 따라서도 느낌이 많이 달라집니다. 한번 다른 컬러로 바꿔볼까요.

선의 컬러를 바꾸니 전체적으로 부드러워졌죠? 캐릭터가 어딘가 강해 보여서 부드러운 느낌을 넣어주고 싶을 땐 선의 색을 바꿔보세요. 선의 컬러가 달라짐에 따라서 내부 컬러의 채도가 다르게 느껴져 주목성이 떨어질 수 있으니 그 부분은 유의해서 제작하도록 해요.

이번엔 선의 질감을 바꿔볼까요.

포토샵에 기본으로 내장된 브러시 중 목탄 질감의 브러시로 그려보았습니다.
같은 그림이지만 선이 가늘고 질감이 생기니 아까보다 존재감이 약해지고 조
금 더 부드러운 느낌이 되었어요.

이처럼 캐릭터의 외곽선은 전체 이미지에 영향을 많이 주는 요소입니다.
그림을 다 그렸는데 어딘지 모르게 내가 원하는 느낌이 나오지 않는 기분이
들 때는 선의 질감이나 컬러를 다양하게 바꿔보세요. 여러 가지를 바꾸다 보
면 부족했던 부분이 채워지는 어느 지점을 만나게 될 거예요. 이 부분은 조언
을 구할 전문가가 주변에 있다면 더 빨리 해결할 수도 있을 거예요.

작업 샘플 3

부족함을 보완해 수정하기

이 캐릭터는 제가 8년 전쯤 만들었던 달걀 캐릭터 에그프렌즈 중 하나입니다.
그 당시에 저는 태블릿으로 사용하는 게 익숙하지 않아서 종이에 스케치를
하고 그 위에 붓펜으로 선을 그려 스캔해서 선은 그대로 사용했고, 약간의 선
보정과 채색만 포토샵에서 작업했어요.

붓펜으로 그린 거라 선 굵기가 일정하지 않은 것이 보입니다. 저는 개인적으로 필압(글 쓸 때 누르는 정도)이 살아있는 선을 좋아하는 편이라서 이렇게 제작했지만, 웹상에서 보았을 때 깔끔한 느낌은 조금 부족합니다.

그리고 종이에 그린 선을 그대로 사용하니 편집에 시간이 오래 걸리고, 여러 장을 그릴 때 선 굵기를 일정하게 유지하는 게 쉽지 않아 제작 방법을 바꿔야겠단 생각을 했어요.

한참이 지나 이전 작업물에서 선이나 색감에서 조금 세련되지 못한 부분을 다듬어 다시 작업한 그림입니다. 이전 컬러가 기존 캐릭터 지방이와 비슷해 보인다는 의견이 있어서 컬러를 화이트로 바꾸고 볼터치는 노른자 느낌의 노란색으로 바꾸었어요. 선도 포토샵에서 다시 깔끔한 선으로 그려주었더니 전체적으로 많이 다듬어진 느낌이 납니다.

캐릭터는 한번 정하면 무조건 앞으로도 그대로 그려야 하는 작업이라고 생각하는 분이 많이 계시는데 그렇지 않습니다. 제작 단계에서 이렇게 해야 하나 저렇게 해야 하나 고민만 많이 하고 정작 작업은 진도가 안 나가는 경우도 많습니다.

그럴 때 일단 만들어서 주변 반응도 보고 SNS에도 올려서 사람들이 어떻게 생각하는지 지켜보면서 계속 수정해가면 됩니다. 유명 캐릭터도 유명 웹툰 작가의 그림도 초창기 버전과 현재 그림이 차이가 나는 경우를 종종 볼 수 있습니다. 그러니 꼭 기억하세요.

"일단 만들고 나서 다듬고 발전시키자!"

이모티콘 제작 장비 &
프로그램

Q 이모티콘 제작에 필요한 장비는 무엇이 있나요?

A 이모티콘 제작을 위해선 포토샵 사용이 가능한 컴퓨터가 필요합니다. 제작을 위해 데스크톱이나 노트북을 새로 구매하는 경우 포토샵을 이용하기에 무리 없는 사양인지 잘 확인하시기 바랍니다. 움직이는 이모티콘을 제작하는 경우엔 태블릿이 필요합니다. 손그림으로 그림을 완성해 컴퓨터로 옮기는 작업만 하는 경우가 아니라면 컴퓨터에서 바로 그리는 작업에 태블릿이 필요한데요. 주로 와콤 제품을 많이 씁니다. 태블릿은 종류가 아주 다양하고 기능과 사이즈에 따라 가격이 천차만별입니다. 처음 가볍게 사용하는 용도로 구입하려면 10만 원대 초반 정도에서 고르면 되고, 좀 더 전문가용을 원하면 인튜어스 프로 라인 중에서 구매하면 됩니다.

Q 필수 프로그램은 무엇인가요?

A 그림을 그리는 프로그램은 여러 가지가 있습니다. 하지만 움직이는 이모티콘 제안서는 GIF를 제작해서 내야 하는데요. 그건 포토샵에서 작업해야 합니다. 아이패드 프로크리에이트에서도 가능하지만 아주 디테일한 작업이 어려워서 초반 작업에서 사용하고, 마무리는 포토샵에서 하는 것을 권장합니다. 이 책에서는 전 과정을 포토샵(Adobe Photoshop)으로 제작합니다. 기존 컴퓨터에 포토샵이 있다면 사용하던 것으로 쓰면 되고, 없는 경우엔 어도비 사이트에서 체험판을 다운받아 설치하면 30일 동안 무료 사용이 가능합니다. 그 후엔 월 이용료를 내고 사용할 수 있습니다. 선택 사항에 따라 월 11,000원에서 24,000원 정도의 비용이 듭니다.

Q 포토샵 외에 그림 그릴 수 있는 다른 프로그램이 있나요?

A 작가님 중에는 그림 작업을 일러스트레이터(Adobe illustrator) 프로그램을 이용해 작업하는 경우도 많습니다. 만화를 그리는 분들은 클립 스튜디오(Clip studio)도 많이 사용합니다. 또 다른 프로그램으로는 메디방(Medibang)이란 프로그램이 있는데요. PC 버전과 아이패드용 모두 무료 프로그램이라 부담 없이 사용하실 수 있습니다. 무료인 만큼 유료 프로그램에 비해서 기능이나 브러시 등이 많지는 않지만 처음 사용하는 용도로는 나쁘지 않습니다. 아이패드에서는 많은 분

이 사용하는 프로크리에이트(Procreate) 앱이 현재로서는 가장 사용하기 편하고 기능이 많습니다. 유료 어플이며 가격은 12,000원입니다.

Q 로아님이 사용하고 있는 장비는 모델이 무엇인가요?

A 저는 와콤 태블릿 인튜어스 프로 페이퍼 에디션 대형과 아이패드 프로 3세대 12.9인치를 사용하고 있습니다. 아이패드는 러프 스케치용으로 주로 사용하고 본 작업은 데스크톱과 와콤 태블릿으로 주로 하고 있습니다. 그리고 데스크톱은 듀얼 모니터로 사용하고 있는데요. 모니터 두 개로 사용하면 정말 편합니다(완전 강추). 스캐너는 엡손 제품을 사용하고 있고, 모델명은 Epson perfection V39입니다.

이모티콘 제작에 태블릿이 필요하다고 하면, 그림 장비가 생소한 분은 태블릿 PC와 헷갈려하시는 경우가 많았어요. 우리가 사용할 장비는 그림 그리는 태블릿을 말합니다. 아래 이미지는 와콤 인튜어스 프로 페이퍼 에디션 중형 이미지입니다. 페이퍼 에디션은 기본적인 기능 외에 태블릿에 종이를 끼우고 와콤 수성펜으로 그림을 그리면 자동으로 디지털 이미지로 변환되는 기능도 가지고 있습니다. 아날로그 방식을 섞어서 하고 싶은 분에게 추천해요.

포토샵 기본기
'필수 툴' 배우기

포토샵은 아주 다양한 기능을 가진 프로그램입니다. 처음 접하는 분은 뭔가 복잡하고 어렵다고 느낄 수도 있는데요. 우리가 사용할 툴은 몇 개 안되기 때문에 몇 가지 중요한 툴만 기억하면 별로 어렵지 않을 거예요. 실습으로 들어가기 전에 포토샵의 몇몇 기능을 익혀보아요.

먼저 포토샵 화면을 열어봅시다. 상단에는 메뉴가 있고, 왼쪽에는 툴바가 있습니다. 오른쪽에는 레이어 창이 있습니다. 오른쪽 부분의 창은 자신이 원하는 대로 넣고 빼고 할 수 있습니다. 오른쪽 상단에 있는 내비게이터는 작업하고 있는 이미지를 작게 보여주는 창입니다. 화면에 보이는 이미지 사이즈도 조절 바를 사용해 줄이거나 확대할 수 있습니다. 네비게이터를 사용하지 않는 작가도 꽤 많은데 저는 이모티콘 작업하면서 작게 보이는 이미지를 확인하기 편해서 사용하고 있습니다.

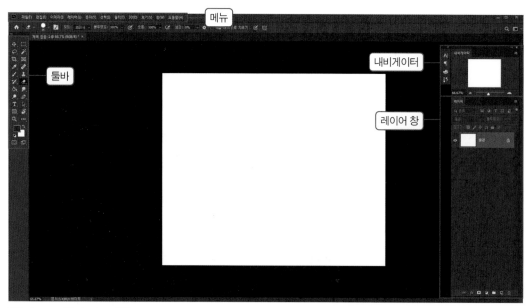

(Window ver. Photoshop CC)

포토샵을 하다가 왼쪽이나 오른쪽 창에 도구들이 사라졌을 때는 상단 메뉴 창(W)을 클릭하면 원하는 창을 선택할 수 있고, 왼쪽 툴바는 맨 아래쪽 도구를 클릭하면 다시 보이게 됩니다.

새로운 파일을 만들거나 기존 파일을 열 때는 상단의 파일→열기, 또는 새로 만들기를 클릭합니다. 상단 메뉴에서 필요한 기능은 실습에서 더 설명하도록 할게요.

툴바는 자주 쓰는 기능을 아이콘으로 모아둔 것이기 때문에 우리가 사용할 대부분의 기능은 이 툴바 안에 있습니다. 기능이 생각나지 않을 때는 왼쪽에 있는 툴바에 마우스를 가져다대면 도구에 대한 설명이 나옵니다.

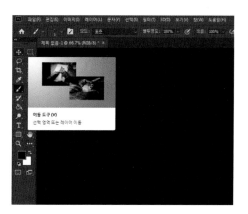

툴바에 있는 기능을 살펴봅시다.

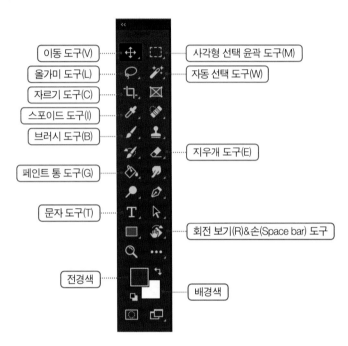

이동 도구(V)

화살표 모양으로 생긴 이동 도구는 레이어의 이동이나 선택 영역을 이동할 때 쓰입니다. 단축 키는 V 입니다.

사각형 선택 윤곽 도구(M)

사각형 선택 윤곽 도구는 사각형이나 원형의 도형으로 원하는 부분을 마우스로 클릭 후 스크롤해 선택하는 도구입니다. 복잡하지 않은 모양을 선택할 때 주로 쓰입니다. 단축 키는 M입니다.

올가미 도구(L)

올가미는 형태가 복잡한 이미지를 선택할 때 사용하는 도구입니다. 마우스를 클릭한 상태로 형태를 따라 선을 그어주면 그 모양대로 오릴 수 있습니다. 사각형 선택 윤곽 도구로 하기 어려운 이미지는 올가미로 선택하면 됩니다. 단축 키는 L입니다.

자동 선택 도구(W)

자동 선택 도구는 선으로 막힌 구역을 자동으로 선택해주는 도구로 마법봉이라 불립니다. 예를 들어 스케치를 한 상태에서 얼굴 부분만 선택해서 페인트로 채색을 하고 싶을 때 자동 선택 도구를 클릭하고 얼굴 부분을 선택하면 해당 영역이 자동으로 선택됩니다. 단, 이미지가 선이나 색으로 구분되어 있어야 합니다. 단축 키는 W 입니다.

자르기 도구(C)

자르기는 이미지의 주변을 내가 원하는 사이즈로 늘이거나 줄이고 싶을 때 사용하는 도구입니다. 자르기 모드에서 외곽에 나온 선을 마우스로 잡아당기거나 밀면 조절을 할 수 있습니다. 또는 마우스로 오리고 싶은 부분만 선택하면 됩니다. 단축 키는 C입니다.

스포이드 도구(I)

스포이드는 그림 속에 있는 색을 선택할 수 있게 해주는 도구입니다. 다른 그림에서 색을 뽑아올 수도 있고, 내가 작업하던 이미지에서 선택할 수도 있습니다. 단축 키는 I입니다.

브러시 도구(B)

붓 모양 그대로 브러시 도구입니다. 포토샵에 내장된 여러 가지 모양과 질감의 브러시를 불러와 사용할 수 있습니다. 브러시 단축 키는 B이며, 사이즈를 [(작게),](크게)로 조절할 수 있습니다. 브러시 종류를 바꾸고 싶을 때는 오른쪽 마우스 키를 누르면 나옵니다.

지우개 도구(E)

지우개 도구는 브러시와 함께 제일 많이 쓰는 도구입니다. 브러시와 지우개 단축 키를 외워서 사용하면 그림 그릴 때 정말 편합니다. 저는 선 그리는 작업을 할 때 키보드 B와 E 위에 왼손가락을 올려둔 상태로 작업하곤 합니다.

페인트 통 도구(G)

페인트 통 도구는 선으로 막힌 어느 구역을 같은 색으로 채우고 싶을 때 사용합니다. 캐릭터 그림에서 채색할 때 많이 쓰입니다. 단축 키는 G입니다.

문자 도구(T) T

문자 도구는 이미지 안에 폰트로 텍스트를 입력할 때 사용합니다. 내장된 기본 폰트 이외에 다른 폰트를 사용하고 싶을 때에는 별도로 다운로드받아 설치해야 합니다. 단축 키는 T입니다.

회전 보기 도구(R)

이미지를 회전시키는 도구입니다. 마우스로 원하는 방향대로 회전시킬 수 있습니다. 아래의 손 도구와 같은 위치에 있습니다. 단축 키는 R입니다.

손 도구(Space bar)

손 도구는 브러시와 지우개만큼 자주 사용하는 툴입니다. 스페이스바를 누르면 화면에 손모양이 나옵니다. 스페이스바를 누른 상태로 마우스를 움직여 화면을 상하좌우로 옮길 수 있습니다. 주로 화면을 확대해서 작업하는 경우 많이 쓰입니다.

전경색&배경색

전경색은 내가 사용할 컬러를 말합니다. 색을 쓰는 모든 툴에 전경색으로 반영이 됩니다. 배경색은 말 그대로 배경색입니다. 레이어가 배경 모드일 때 지우개로 지우면 배경색으로 지워집니다. 그래서 대부분의 작업에서 배경색은 흰색으로 놓고 작업을 합니다. 오른쪽 위의 화살표를 누르거나 단축 키 X를 누르면 두 색이 서로 바뀝니다.

자, 포토샵의 기본적인 툴은 이 정도 알아두고 실습하면서 더 자세히 배우도록 해요. 단축 키는 처음부터 암기하듯이 외울 필요는 없고, 자주 쓰는 것부터 하나씩 익혀나가면 기억하는 게 점차 늘어날 거예요. 작업하는 책상 옆에 자주 쓰는 단축 키만 써서 포스트잇으로 붙여놓는 것도 좋아요.

TIP 단축 키를 눌러도 실행되지 않을 때엔 컴퓨터 한영 키를 확인하세요. 영어로 입력해야 실행됩니다.

01 손그림으로 이모티콘 만들기

자, 이제 기획이 끝났다면 그림 그리는 단계로 넘어가 볼게요. 컴퓨터 작업이 익숙하지 않은 분은 아무래도 종이에 그리는 게 훨씬 편하다고 느끼실 텐데요. 그런 경우엔 손그림으로 제작하셔도 됩니다. 종이에 그린 그림을 컴퓨터로 잘 옮기면 원본을 편집해서 이모티콘으로 제작할 수 있습니다. 손그림의 재료도 수채화, 색연필, 연필 등 크게 구애받지 않아요. 다만 종이 질감이 너무 거친 것을 사용할 경우 스캔 후 컴퓨터에서 편집할 때 표면 질감 때문에 보정이 오래 걸릴 수 있으니 그 점만 유의해 주세요. 적당히 매끄러운 종이가 좋고, 종이의 색도 미색 계열보다는 흰색이 편집하기 수월합니다.

손그림 그리기

손그림으로 제작하는 경우엔 원본 그림의 사이즈가 중요합니다. 너무 작게 그리면 스캔을 해도 해상도가 떨어지거나 사이즈가 모자라는 경우가 생기기 때문에 A5(A4지 절반 사이즈) 정도가 무난합니다(또는 A5에 두 개 정도의 그림). 연습할 때는 아무 종이에 막 그려도 되지만 스캔을 하기 위한 손그림은 선이 깔끔하게 다듬어진 상태여야 합니다. 연필로 연하게 스케치를 한 자국이 있다면 스캔하기 전에 최대한 깔끔하게 지우는 것이 좋습니다. 색연필이나 수채화로 그린 그림은 외곽선이 깔끔하게 잘 마무리되었는지 살펴봅니다. 그림 단계에서 완성도가 높을수록 포토샵에서 편집 시간이 줄어들어요.

스캔하기

깔끔한 선까지 작업이 다 되었다면 이제 스캔을 합니다. 이미지 전용 스캐너나 복합기에 있는 스캐너 등 집이나 사무실, 또는 학교나 도서관에 있는 스캐너를 활용하면 됩니다. 주변에 사용할 만한 기계가 없으면 큰 문구점 복사 코너에서 스캔해주는 곳이 있습니다. 스캔할 때 주의 사항은 스캔할 그림이 흑백 그림이어도 절대 문서로 스캔하면 안 됩니다. 모드를 컬러 사진으로 하고, 해상도는 최소 300dpi 이상으로 스캔해요. 문구점에서 스캔을 맡기는 경우에 꼭 디테일하게 설명해야 합니다.

**포토샵에서
파일 열기**

손그림을 스캔했다면 내가 사용하는 컴퓨터로 파일을 옮겨 포토샵 프로그램을 실행합니다.

① 상단 메뉴 **파일→열기**에서 스캔한 파일을 열어주세요.

② 색연필로 그린 손그림 스캔 파일을 열었어요. 모조지에 그린 그림이라 자세히 보면 흰 부분에 종이 질감과 색이 얼룩덜룩 남아있습니다. 이모티콘은 이미지 외의 부분은 투명하게 제출해야 하므로 그림에서 강아지 부분만 오려내야 합니다. 우선 오른쪽 레이어 부분을 보면 강아지 그림 레이어에 배경이라고 되어있어요. 배경 모드일 때는 지우개로 지워도 투명해지지 않고, 흰색(배경색)으로 지워집니다. 만약 배경색이 흰색이 아닌 다른 색으로 지정되어 있다면 지우개로 지웠을 때 그 컬러가 나옵니다.

전경색 / 배경색 / 이곳에 설정된 컬러로 지워짐 / 배경

배경 레이어를
일반 레이어로
변경하기

③ 배경 모드를 일반 레이어로 바꾸기 위해 **배경 레이어**를 더블클릭합니다.
새 레이어라고 창이 뜰 거예요. 그럼 확인 버튼을 눌러주세요. 이제 배경
에서 레이어 0으로 변경되었어요.

TIP 글자가 있는 부분을 더블클릭하면 레이어 이름변경 모드가 됩니다.

이미지 오리기

④ 이제 강아지 주변의 종이를 지워봅시다. **자동 선택 도구(W/마법봉)**를 선택
하고 종이 부분을 클릭해요. 만약 마법봉 자리에 다른 모양이 보인다면
그 자리에서 오른쪽 마우스 키를 누르면 숨겨진 툴이 보입니다. 거기서
선택해주세요.

⑤ 강아지 외곽선에 점선이 생겼습니다. 마법봉이 자동으로 흰 부분을 선택합니다. 이제 키보드에 있는 **delete** 키를 눌러주세요. 그러면 선택된 영역이 지워집니다.

⑥ 배경의 흰색을 지우면 격자무늬가 보이는데요. 투명하다는 의미입니다. 좀 전에 자동 선택된 것(점선)을 해제하기 위해 **Ctrl**과 **D** 버튼을 눌러줍니다. 이제 배경 없이 강아지만 남았습니다. 손그림이기 때문에 외곽선이 깔끔하지 않은데요. 그 부분은 어두운 배경일 때 지저분해 보일 수 있어 다듬어야 합니다. 강아지 외곽선이 잘 보이도록 어두운 색 레이어를 그림이 있는 레이어 아래에 만들게요.

**어두운 색 바탕
레이어 만들기**

⑦ 우선 **새 레이어**를 클릭합니다. 새 레이어는 선택된 레이어 위에 생성되기 때문에 마우스로 끌어내려 줍니다. 그다음 **전경색**을 클릭하면 색상 피커가 나옵니다. 색이 나온 부분에서 원하는 곳을 클릭하면 선택된 색으로 전경색이 바뀝니다. 그다음 확인을 눌러주세요. 이제 **페인트 통 도구(G)**를 선택하고 투명한 곳 아무데나 클릭해주면 전경색으로 채워집니다. 이때 새로 만든 레이어가 선택되어 있는지 꼭 확인해주세요. 나중에 사용할 흰색 바탕 레이어도 같은 방법으로 만들어요.

TIP 색상 피커

색상 피커에서 마우스로 색을 찍어서 지정할 수도 있고, 오른쪽 하단 # 옆의 네모에 6자리 코드를 입력해 색을 지정해도 됩니다. 이 #으로 시작하는 6자리 코드는 고유색상 번호입니다. 블랙은 #000000이고, 화이트는 #ffffff입니다. 이 두 가지는 기억해두는 것이 좋습니다. 그림을 그리다가 검정색이나 흰색이 필요할 때가 많은데요. 육안으로 보고 흰색이나 검은색인 줄 알고 색을 넣었다가 얼룩처럼 보이는 일이 자주 발생합니다. 그럴 때는 색상 피커에서 블랙이나 화이트의 코드가 맞는지 확인 후 사용하는 게 좋아요.

⑧ 배경이 투명할 땐 보이지 않았는데 어두운 색을 깔아주니 외곽선에 깔끔하지 못한 부분이 보입니다. 그런 부분은 **지우개 도구(E)**를 선택해 섬세하게 지워줘야 합니다. 이 그림은 색연필로 그린 그림이기 때문에 외곽선에 질감 표현이 어느 정도는 남아있도록 신경 쓰며 지웠어요.

**캔버스 사이즈
조정하기**

⑨ 이제 플랫폼 사이즈에 맞게 캔버스 사이즈를 조정합니다. 상단 메뉴 **이미지→캔버스 크기**를 눌러주세요. 이미지 크기와 헷갈리지 않도록 주의합니다.

⑩ 카카오톡은 정사각형 비율이기 때문에 정사각으로 만들어줄 거예요. 폭과 높이 중에 더 작은 사이즈에 맞춰 나머지 부분도 같은 숫자를 넣어주세요. 저는 높이가 932픽셀이여서 폭을 932픽셀로 줄여주었습니다.

**이미지
이동하기**

⑪ 텍스트를 넣어주기 위해 강아지 그림을 오른쪽으로 이동시켜 주었어요. **이동 도구(V)**를 선택하고 강아지를 클릭한 상태에서 원하는 위치에 가져다 놓으면 됩니다.

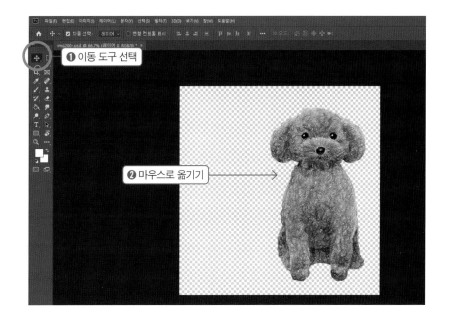

⑫ 글씨가 잘 보이도록 흰색 바탕 레이어를 켭니다. **문자 도구(T)**를 선택하고
글씨를 넣을 위치를 마우스로 드래그해줍니다.

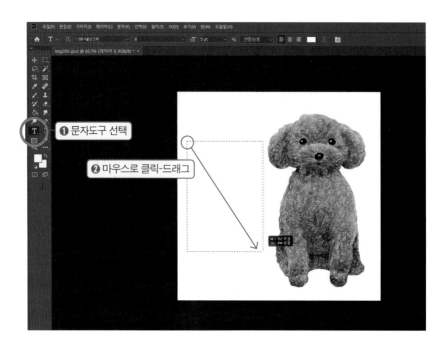

⑬ 이숲체로 '얼른 오세요'라고 써주었습니다. 크기는 전체 사이즈에 맞춰
조절해요. 위치가 마음에 안 든다면 **이동 도구(V)**를 이용해 텍스트의 위치
를 변경하면 됩니다.

(14) 이번에는 텍스트의 컬러를 바꿔볼게요. **문자 도구(T)**가 선택된 상태에서는 상단에 컬러 창이 보입니다. 그 부분을 클릭하면 색상 피커가 나올 거예요. 색상 피커에서 원하는 색을 클릭하고 확인을 누르면 텍스트의 컬러가 변경됩니다. 또는 컬러 창 옆의 폴더 모양 아이콘을 누르면 나오는 문자 창에서도 텍스트의 컬러를 선택할 수 있어요.

⑮ 텍스트에 컬러만 입혀 끝내도 되지만 조금 더 입체감을 주고 싶다면 그림자를 넣어주면 됩니다. **텍스트 레이어**를 두 번 클릭해서 레이어 스타일 창을 열어줍니다. 왼쪽 메뉴 맨 아래에 **드롭 섀도**를 클릭하고 각도를 왼쪽 상단으로 바꿔주었고, 거리와 크기를 각각 4로 하였습니다. 그림자 컬러는 색상 창을 눌러 색상 피커가 나오면 원하는 색으로 바꿀 수 있습니다. 거리와 크기는 이미지 사이즈에 맞춰 바꿔야 하기 때문에 적용해보면서 알맞은 사이즈를 찾아가면 됩니다. 알맞게 다 설정이 되면 확인을 누릅니다. 빛의 방향은 보통 왼쪽 상단으로 지정합니다.

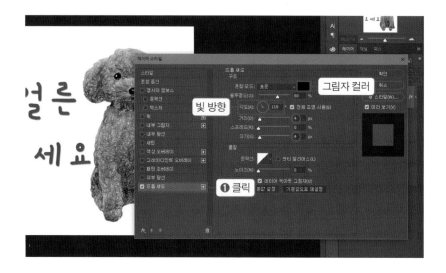

이렇게 완성이 되었습니다.

⑯ 멈춰있는 이모티콘은 배경이 투명한 상태로 제출해야 하기 때문에 배경 레이어 눈을 꺼주세요. 그리고 상단 메뉴 **파일→내보내기→웹용으로 저장**을 눌러줍니다.

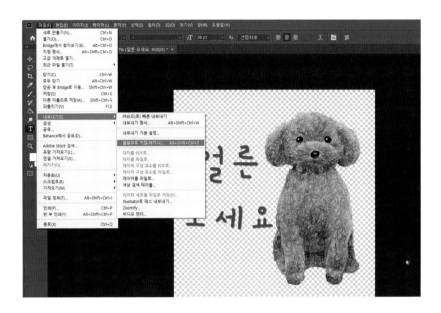

⑰ 웹용으로 저장 창에서 오른쪽 상단 파일 형태 부분을 PNG-24로 하고, 아래에 이미지 크기는 360×360으로 변경합니다. 그리고 저장을 누르면 됩니다.

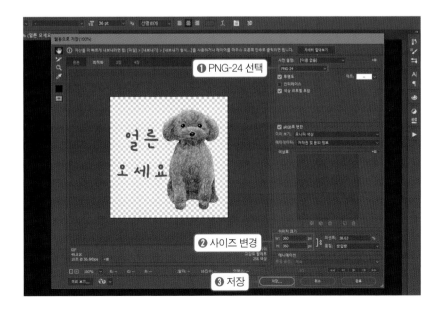

저장된 완성 이미지입니다.

TMI 처음이라 한 개 만드는 데에도 시간이 아주 많이 걸렸죠. 이렇게 만들어서 어느 세월에 다 완성하나 싶고, 적성에 안 맞는 건 아닌가 싶고⋯ 마음이 복잡해지신 분도 있을 거예요. 하지만 참 다행인 것은 처음보다 두 번째가, 그리고 두 번째보단 세 번째가 월등히 빨라진다는 것입니다. 손에 익지 않은 건 누가 해도 어려워요. 하지만 익숙해질 때까지 꾸준히 연습하면 작업 속도도 빨라지고 재미도 더 생길 테니 걱정하지 마세요.

같은 방법으로 제작한 이모티콘입니다. 색연필로 그린 꽃 그림과 붓펜으로 쓴 손글씨를 스캔해서 포토샵으로 편집했어요.

02 손글씨로 이모티콘 만들기

이모티콘을 제작할 때 그림 그리는 부분을 부담스러워하시는 분이 많아요. 그런 경우엔 손글씨로 먼저 시작해보는 것도 좋습니다. 그림보다 제작 시간도 짧고 아이디어와 메시지 구성만 끝내면 금방 만들 수 있거든요. 캘리그라피를 하시는 분이라면 붓펜으로 써서 스캔해서 제작할 수도 있고, 아이패드나 태블릿이 있다면 장비로 글씨를 써도 됩니다.

손글씨 써서 스캔하기

손그림 파트에서 설명한 것처럼 스캔은 사진 모드로 해상도 300dpi 이상으로 해요. 그림과 마찬가지로 종이의 재질은 매끄러운 것이 좋고, 흰색의 종이에 써주세요. 글씨의 재료는 상관없지만 손글씨로 제작하는 경우 글씨의 볼륨감이 어느 정도 있어야 가독성이 좋아요. 붓펜이나 브러시 마카, 굵은 매직 등이 사용하기 좋아요. 글씨를 쓸 때 획의 굵기가 너무 가늘어지지 않도록 주의해요. 종이와 글씨 색 대비가 뚜렷해야 편집이 수월하기 때문에 글씨의 색은 진한 게 좋아요.

**포토샵으로
파일 열기**

① 스캔한 파일을 포토샵에서 열어요. 상단에 **파일→열기**를 눌러 이미지를 열어줍니다. A4 용지에 붓펜으로 쓴 글씨를 스캔한 이미지입니다. 불러온 이미지를 보면 종이의 질감과 색이 남아있는 것을 볼 수 있어요.

**글씨는 진하게,
배경은 밝게
만들기**

② 글씨와 종이의 확실한 분리를 위해서 대비를 높여주도록 할게요. 상단 메뉴의 **이미지→조정→레벨**을 눌러주세요. 단축 키는 **Ctrl+L**입니다.

③ 레벨 창이 뜨면 레벨 값을 조정해 종이는 하얗게 글씨는 더 진하게 만들어볼게요. 레벨 창을 보면 세 개의 삼각형이 보입니다. 우리가 조절할 삼각형은 A와 B 두 가지입니다.

④ 먼저 B를 왼쪽으로 당겨줍니다. B 위에 흰색 부분이 보이는데 그 부분이 끝나는 지점까지 왼쪽으로 옮겨요. B 삼각형을 왼쪽으로 옮기면 이미지가 전체적으로 밝아집니다.

전체적으로 밝아져요

⑤ 스캔 이미지를 보면 처음 열었을 때는 종이가 푸르스름한 색이 있었는데 하얗게 변한 것을 확인할 수 있어요. 여기서 중요한 것은 B를 왼쪽으로 옮기면 A도 같이 왼쪽으로 이동을 합니다. 그래서 배경뿐 아니라 글씨도 밝아지게 되는데요. B의 조정이 끝나면 A를 다시 중간쯤으로 옮겨요. 글씨가 점점 진해질 거예요. A의 위치는 이미지를 보면서 조정해주세요. 내가 원하는 진하기가 나왔을 때 멈추면 됩니다. 그리고 확인 버튼을 눌러줍니다.

글씨가 진해져요

⑥ 비포와 애프터를 비교해볼까요. 나란히 이미지만 놓고 보니 더 잘 보입니다. 이처럼 배경을 밝게 하고 이미지는 진하게 만들고 싶을 때는 레벨 도구를 활용하면 쉽고 빠르게 해결할 수 있어요. 스캔해서 이미지를 오려야 하는 경우엔 자주 쓰는 기능이니 손그림이나 손글씨로 제작하실 분은 꼭 기억해요.

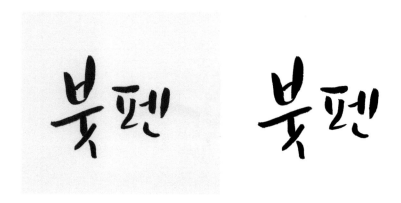

배경 지우기

⑦ 자, 이제 글씨만 오려내면 되는데요. 배경을 지워 글씨 부분만 남겨주면 됩니다. 그 전에 이미지를 확대해서 글씨 주변에 있는 잡티를 **지우개 도구(E)**로 지워주세요. 큰 잡티는 자동 선택 도구(W/마법봉)로 선택할 때 제외되기 때문에 자동으로 지울 수가 없거든요. 눈에 보이는 것만 쓱쓱 지워주세요. 레이어 모드로 전환하기 전에 지워야 하는 이유는 배경 모드일 땐 흰색으로 지워지고 레이어 모드일 땐 지워진 부분이 투명해지기 때문입니다. 흰색으로 지워져야 어디가 덜 지워졌는지 잘 보이니까 지우개질은 배경 모드일 때 하는 것이 좋습니다.

지우개질까지 끝났다면 배경 모드를 레이어 모드로 바꿔줍니다. 배경 레이어를 더블클릭하고 새 레이어 창이 뜨면 확인 버튼을 누릅니다.

① 흰색 부분 잡티 지우기

② 빈 곳 더블클릭

③ 새 창 뜨면 확인 버튼 클릭

⑧ 이제 자동 선택 도구(W/마법봉)를 이용해서 흰 종이 부분을 오려봅시다. 툴바에서 **자동 선택 도구(W/마법봉)**를 선택하고 흰 종이 부분을 클릭합니다. 상단에 허용치는 30으로 하고, 앤티 앨리어스와 인접 칸에 클릭이 되어있는지 확인해요. 자동으로 잘 선택이 되었죠? 키보드에 있는 **Delete** 키를 눌러 삭제해요.

❶ 마법봉 선택

❷ 흰 종이 클릭 후 Delete 키

⑨ 배경 부분이 지워졌어요. ㅂ 안을 다시 선택해서 그 부분도 삭제합니다. ㅂ, ㅍ ㅁ, ㅇ 같은 막혀있는 자음은 안쪽도 따로 지워야 합니다. 영어도 마찬가지예요.

⑩ ㅂ 내부까지 지웠습니다. 이제 선택 해제를 위해 **Ctrl+d**를 눌러 점선 표시를 없애요.

TIP 자동 선택 도구(W/마법봉) 등 선택 영역 툴을 사용하고 나서 선택 해제를 하지 않으면 다른 툴이 작동하지 않을 때가 있습니다. 그럴 때는 눈에 보이지 않는 점선이 있을 수도 있으니 Ctrl+d를 눌러 선택 해제를 해주세요.

흰색 바탕 레이어 만들기

⑪ 글씨를 오려냈지만 작업하기 편하도록 흰색 배경 레이어를 만들어요. **새 레이어**를 클릭 한 뒤 레이어 위치를 글씨가 있는 레이어 아래로 내려줍니다. 그다음 **페인트 통 도구(G)**를 선택하고 **전경색**을 클릭하여 흰색으로 바꿔줍니다. 그다음 글씨 바깥쪽을 클릭하면 레이어 전체가 흰색으로 채워집니다.

⑫ 이제 색상 오버레이라는 기능을 이용해서 글씨 레이어에 색을 입혀서 글자색을 바꿔보도록 할게요. 레이어에 여러 가지 기능을 사용하려면 레이어 스타일을 열어주면 되는데요. 배경→레이어 만들 때 클릭한 것처럼 레이어 이름 옆 빈 공간을 더블클릭하면 나옵니다. 레이어 스타일 새 창이 떴습니다.

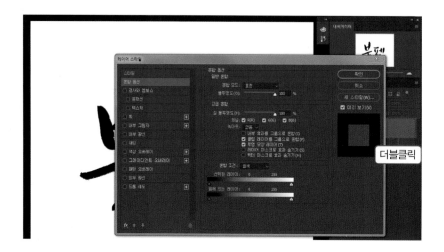

⑬ 레이어 스타일 창의 메뉴 중 **색상 오버레이** 글씨를 클릭하면 아래와 같이 화면이 나옵니다. 자동으로 붉은색이 글씨에 적용된 게 보입니다. 원하는 색으로 색을 바꾸려면 색이 있는 네모를 눌러주세요.

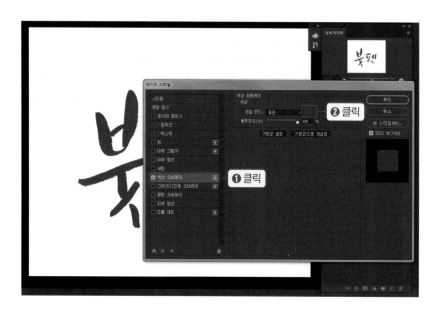

⑭ 색이 있는 네모를 누르면 색상 피커가 나옵니다. 원하는 색을 찾아 클릭하고 확인을 눌러요. 글씨에 바로 적용된 모습을 볼 수 있기 때문에 마음에 드는 컬러를 쉽게 찾을 수 있습니다.

⑮ 글씨에 색이 입혀졌습니다. 글씨 컬러 바꾸기 아주 간단하죠? 여기서 끝내도 되지만 검은색이었던 글씨를 밝게 만드니까 이전에 비해 흐릿해 보이는 느낌이 있습니다. 이럴 땐 그림자를 넣어주면 됩니다.

⑯ 그림자를 넣어볼게요. **레이어 스타일**을 열어주세요(레이어 더블클릭). 메뉴 중 제일 밑에 있는 **드롭 섀도**를 눌러요. 색을 바꾸는 방법은 색상 오버레이와 동일합니다. 색이 있는 네모 부분을 클릭해서 색상 피커에서 원하는 색을 골라요. 각도는 빛이 오는 방향을 조절하는 기능인데 보통 왼쪽 상단으로 설정합니다. 그다음은 거리와 크기를 설정하면 됩니다. 이건 이미지의 사이즈에 따라 설정을 달리해야 하니 자신의 이미지에 어울리는 사이즈로 맞추면 됩니다. 저는 3, 3으로 설정하였습니다.

⑰ 드롭 섀도 설정을 끝내고 확인을 눌러주었습니다. 그림자가 생기니 글씨가 또렷해졌죠?

캔버스 사이즈 조정하기

⑱ 이제 플랫폼 사이즈에 맞춰 캔버스 사이즈를 조정해볼게요. 상단 메뉴 **이미지→ 캔버스 크기**를 눌러요.

⑲ 원본 사이즈가 폭 872픽셀, 높이 740픽셀인데 여백이 많은 것 같아 700, 700으로 수정하였어요.

⑳ 흰색 배경 레이어 눈을 끄고 상단 메뉴 **파일→내보내기→웹용으로 저장**을 눌러줍니다.

붓펜으로 쓴 글씨를 스캔해서 컴퓨터로 편집한 이모티콘입니다. '감동이에요' 뒤에 들어간 원형은 포토샵에서 브러시로 그려서 넣었고, '축하해요' 그림의 채색도 포토샵에서 했습니다.

여기서 잠깐 아이패드나 태블릿으로 바로 손글씨 작업할 경우

프로그램에서 바로 손글씨를 쓰는 경우에는 배경 레이어와 글씨 레이어를 분리해서 처음부터 쓸 수 있기 때문에 작업이 매우 빨라집니다. 장비가 있고, 장비로 글씨 쓰는 것이 익숙해진 경우에는 이 방법을 쓰는 것이 유리합니다. 저 같은 경우에는 오랫동안 손글씨를 무조건 종이에 붓펜으로 써서 스캔하는 방식을 고집했는데요. 그 이유가 와콤 태블릿으로 글씨를 쓰면 예쁘게 써지지 않아서였어요. 연습을 해도 마음에 들게 써지지 않더라고요. 그러다 아이패드 프로를 구입하고 난 이후에는 글씨를 아이패드 프로크로에이트앱을 이용해 쓰고 있습니다. 브러시의 효과 때문에 태블릿으로 글씨를 예쁘게 쓰는 게 전보다 쉬워졌어요. 우리가 제작해야 할 최종 결과물이 디지털 작업물이기 때문에 작업 과정도 디지털로 하는 게 시간 단축에는 확실히 도움이 많이 되었어요. 하지만 아날로그 작업의 매력과 강점도 있어요. 이모티콘 대부분이 디지털 작업인 경우가 많기 때문에 아날로그 작업은 그런 이모티콘들 사이에서 색다른 느낌을 주거든요. 다름이 매력으로 비춰질 수 있다면 개성이 되고 강점이 될 수도 있으니까요.

03 종이에 스케치하고
포토샵으로 이모티콘 만들기

이번에는 앞서 소개된 작업 방식보다 컴퓨터 작업이 더 많이 들어가는 방법입니다. 태블릿으로 그림을 그리는 게 익숙하지 않은 분이 많이 하는 방법입니다. 종이에 그림을 그려서 스캔하거나 사진을 찍어 컴퓨터로 옮긴 후 포토샵에서 따라 그리는 방식입니다. 종이에 그린 것을 그대로 따라 그리기 때문에 포토샵과 태블릿이 익숙하지 않은 분이 처음 시도하기 좋은 방법입니다. 자, 그럼 시작해 볼까요.

**러프 스케치
컴퓨터로
옮기기**

먼저 아이디어를 종이에 스케치합니다. 스케치 도구는 뭐든 상관없어요. 연필, 펜, 샤프 등 평상시에 가장 편하게 그리던 도구로 사용하면 됩니다.

부끄럽지만 제 스케치 노트의 일부분입니다. 2013년 에그프렌즈를 처음 만들던 때 끄적거리던 노트인데요. 붉은 심의 샤프나 색연필로 연하게 라인을 잡고 형태가 어느 정도 나오면 진한 펜으로 선을 그렸어요. 노트에 그린 선을 그대로 사용하는 게 아니므로 선이 약간 삐뚤어지는 건 괜찮아요. 여러분도 종이에 그림을 그릴 때 연필이나 연한 색의 색연필로 형태를 잡고 마음에 드는 형태가 나왔을 때 진하게 그리는 걸 추천해요. 연필로 그리더라도 처음부터 힘줘서 진하게 그리는 분이 의외로 많은데 스케치는 아주 연하게 쓱쓱 종이 위를 스치는 느낌으로 그려주세요. 그래야 지우개로 지울 때에 자국을 남기지 않고 지울 수 있어요.

스케치가 끝났다면 이후 작업을 위해서 컴퓨터로 옮겨주어야 하는데요. 휴대폰 카메라로 찍거나 스캔을 해서 옮겨주세요. 핸드폰으로 찍을 때는 노트와 핸드폰이 수평하게 놓인 상태로 찍어주세요. 그래야 각도로 인해 그림 왜곡이 생기지 않아요.

**포토샵에서
파일 불러오기**

① 옮기는 작업이 끝났다면 포토샵 상단 메뉴 **파일→열기**에서 그림 파일을 열어주세요. 종이 질감과 스케치 잔선들이 그대로 있어요. 하지만 새로 그림을 그릴 거라 상관없습니다.

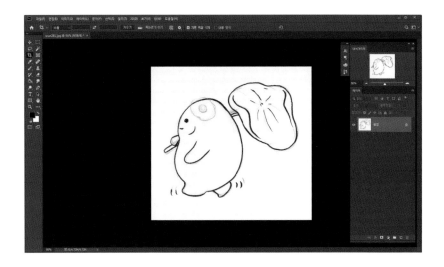

**배경을
레이어로
변환하기**

② 레이어의 불투명도를 낮춰야 하기 때문에 배경 모드를 일반 레이어로 바꿀 거예요. 배경 글씨 옆 빈 공간을 더블클릭해서 레이어로 바꿔줍니다. 밑그림 레이어의 불투명도를 낮추지 않으면 새로 그리는 스케치 선이 잘 보이지 않아 그리기가 어려워요.

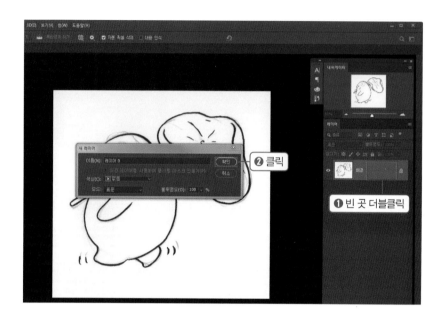

**흰색 바탕
레이어 만들기**

③ **새 레이어**를 만들고 위치를 스케치 레이어 아래로 내려줍니다. 그다음 **전경색**을 눌러 흰색을 선택하고 그림 주변을 클릭하면 흰색이 채워집니다. 그림 레이어의 불투명도를 낮추게 되면 화면이 잘 보이지 않기 때문에 흰 종이를 깔아주는 개념이에요.

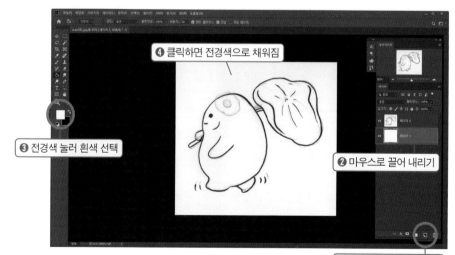

④ 스케치 할 **새 레이어**를 만들어요. 위치는 맨 위로 올려주세요.

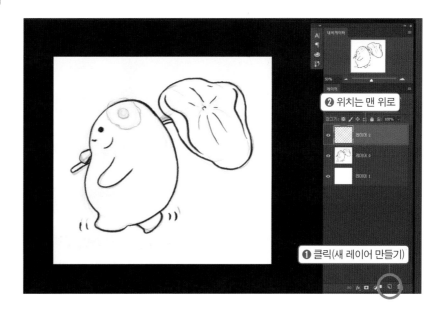

⑤ 밑그림 레이어의 불투명도를 낮춰요. 레이어의 오른쪽 상단에 조절 바를 이용하거나 원하는 숫자를 입력해서 바꿀 수 있어요. 이제 선을 그려줄 준비가 끝났어요.

⑥ 스케치할 레이어를 선택하고 **브러시 도구(B)**를 선택합니다. 브러시를 선택한 상태에서 마우스 오른쪽 버튼을 클릭하면 브러시 창이 나옵니다. 거기서 원하는 브러시를 고를 수 있어요. 저는 필압이 있는 선을 쓰고 싶어서 **선명한 원 압력 크기** 브러시를 선택했습니다. 균일한 선의 두께를 원하는 경우엔 선명한 원을 선택하면 됩니다.

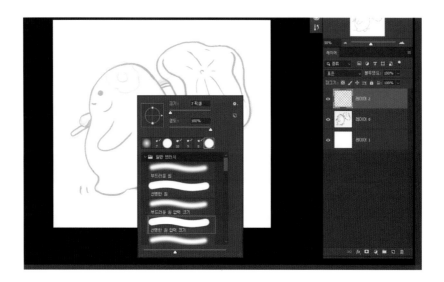

⑦ 브러시 선택이 끝나면 선의 굵기를 정해야 해요. 필압이 있는 선은 힘주는 정도에 따라 선의 굵기가 달라지기 때문에 캔버스에 테스트로 그어서 굵기와 느낌을 확인해 줍니다. 브러시 사이즈는 단축 키 **[(작게),](크게)**로 조절할 수 있습니다.

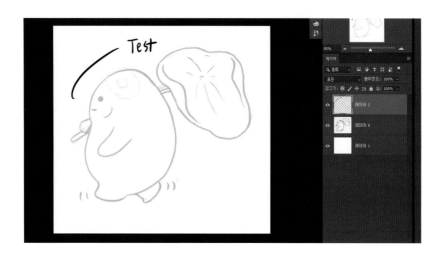

⑧ 이제 러프 스케치를 보며 그대로 선을 그려줍니다. '선 따는 작업'이라고
도 많이 불러요. 선을 그릴 때는 편한 사이즈로 확대를 하거나 회전을 하
며 자유롭게 그립니다. 해보고 편한 방법을 계속 찾아보세요. (화면 확대
단축 키 **Ctrl +, Ctrl -,** 회전 단축 키 **R**)

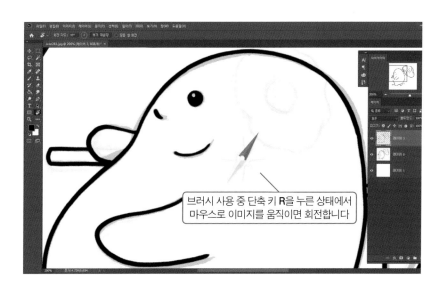

브러시 사용 중 단축 키 R을 누른 상태에서
마우스로 이미지를 움직이면 회전합니다

⑨ 스케치 그리는 작업이 끝났습니다. 사이즈를 줄여 빠진 부분은 없는지
모양이 이상하거나 찌그러진 부분은 없는지 확인합니다.

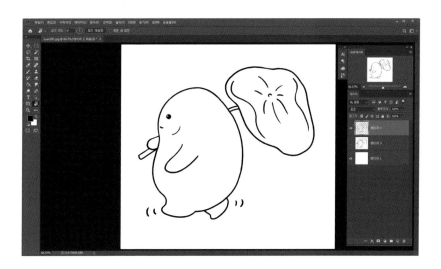

⑩ 이제 채색 단계로 넘어가기 전 ⑨에서 스케
치했던 레이어 이름을 '스케치'로 바꿔줍니
다. 스케치 레이어 만들 때 바로 바꿔도 되
고 채색 단계 전에만 하면 됩니다.

⑪ 채색 레이어는 스케치 레이어 아래에 만들
어줍니다. 색을 칠할 부분의 개수만큼 만들
어주세요. 저는 몸통과 연잎 부분을 칠하기
위해 두 개를 만들었어요. 색을 칠하면서
그때마다 새로 만드는 게 편하다고 생각하
는 분은 그렇게 하셔도 됩니다.

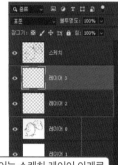

채색 레이어는 스케치 레이어 아래로

⑫ 레이어 이름도 바꿔주세요. 채색 단계로 넘
어가면 레이어 개수가 점점 많아지는데요.
레이어 이름 관리도 잘 해야 작업하면서 헷
갈리지 않아요.

⑬ 요즘 인기 있는 캐릭터들은 흰색이 많은데요. 몸통 컬러를 따로 칠해줘
야 하는데 배경이 흰색이면 경계가 보이지 않기 때문에 어두운 색의 레
이어를 하나 만들어 채색 레이어보다 아래에 둡니다.

몸통의 색을 흰색으로 칠해야 하는 이유는 이모티콘 배경이 투명해야 하기
때문입니다. 그림 내부엔 투명한 부분이 있으면 안 됩니다. 간혹 눈동자에
반짝이를 지우개 도구로 지우는 경우에 흰색으로 채우는 걸 깜빡하면 그
부분이 투명하게 비게 됩니다. 그런 사소한 것도 반려의 사유가 될 수 있어
요. 제작 과정에서 수정이 적을수록 전체 제작 기간이 줄어드니까 평상시
에 꼼꼼하게 확인해요. 새 레이어를 클릭하고 위치는 밑그림 레이어보다

아래에 둡니다. 그다음 **페인트 통 도구(G)**를 선택한 후 전경색을 눌러 어두운 색을 선택하고 그림 주변을 눌러 색을 채워 줍니다.

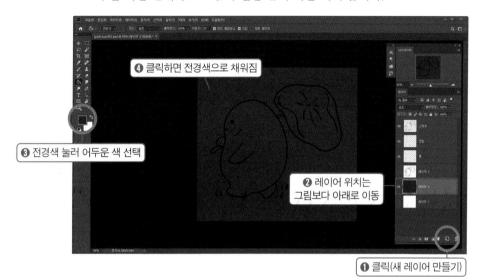

④ 클릭하면 전경색으로 채워짐

③ 전경색 눌러 어두운 색 선택

② 레이어 위치는 그림보다 아래로 이동

① 클릭(새 레이어 만들기)

**몸통
채색하기**

⑭ 브러시로 채색을 해도 되지만 경계가 뚜렷한 포토샵 그림의 경우엔 페인트 통 도구(G)로 간단하게 채색할 수 있습니다. **페인트 통 도구(G)**를 선택하고, 색상 피커에서 흰색(#ffffff)을 선택한 후에 상단의 **모든 레이어** 앞에 네모를 체크합니다. 모든 레이어를 선택하면 텅 비어있는 채색 레이어에 색을 칠하더라도 다른 레이어에 있는 경계의 영향을 받기 때문에 스케치 선에만 페인트가 부어집니다. 만약 모든 레이어가 체크가 되어있지 않으면 레이어 전체가 흰색으로 채워지게 됩니다. 채색을 할 때는 원하는 부분에 대고 마우스로 클릭합니다.

체크

15 나머지 부분도 같은 방법으로 **페인트 통 도구(G)**로 부어줍니다. 원하는 부분을 클릭합니다. 눈동자 안에 흰 반짝이 같은 작은 부분도 꼭 칠해주세요. 페인트 통 도구를 사용하면 경계 부분이 완벽하게 채워지지 않기 때문에 약간의 빈 공간이 생길 수 있어요. 그림을 확대해서 경계 부분을 브러시로 꼼꼼하게 채워요.

**연잎
채색하기**

16 같은 방법으로 원하는 색을 선택해 연잎 레이어에 대고 채색을 합니다. 경계 부분도 꼼꼼하게 확인하고 브러시로 마감해줍니다.

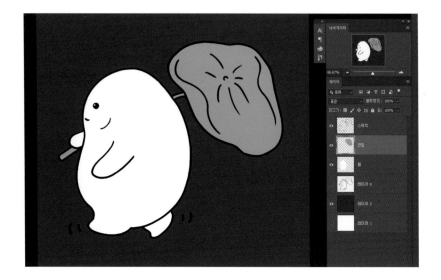

**볼터치
그리기**

⑰ 큰 채색이 다 끝났는데 뭔가 허전한 느낌이 드네요. 이럴 때엔 어딘가에
포인트 컬러를 칠하는 것이 도움이 됩니다. 빵빵한 볼 부분에 볼터치를
칠하기 위해서 **새 레이어**를 만들고 레이어 이름은 볼터치로 변경해요. **브
러시 도구(B)**를 선택하고 마우스 오른쪽 버튼을 클릭해 종류를 선택할게
요. 이번에는 깔끔한 외곽 라인을 위해 **선명한 원** 브러시를 선택하였어
요. 번지는 느낌의 볼터치를 원할 땐 부드러운 원을 선택해 칠하면 됩
니다.

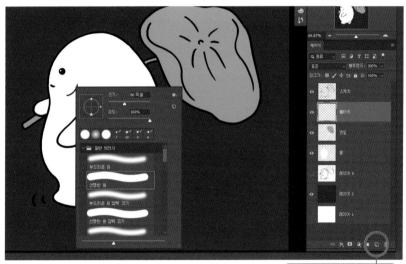

❶ 클릭(새 레이어 만들기)

⑱ 브러시 사이즈 조절로 크게 만들어 한 번의 클릭으로 칠하였어요. (브러
시 사이즈 단축 키 **[(작게),](크게)**)

⑲ 마지막으로 채색이 안 된 곳은 없는지 확인하고 배경 레이어를 모두 끄고 상단 메뉴 **파일→내보내기→웹용으로 저장**을 눌러줍니다.

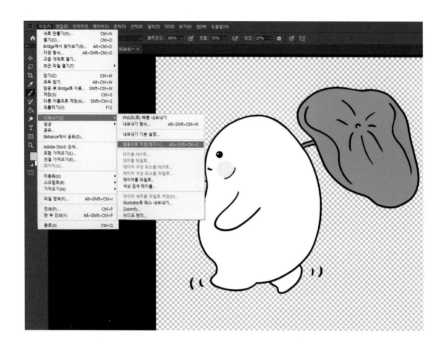

⑳ 오른쪽 상단 메뉴에서 PNG-24를 선택하고 하단의 이미지 크기를 360×360으로 변경합니다. 그리고 저장을 눌러주세요.

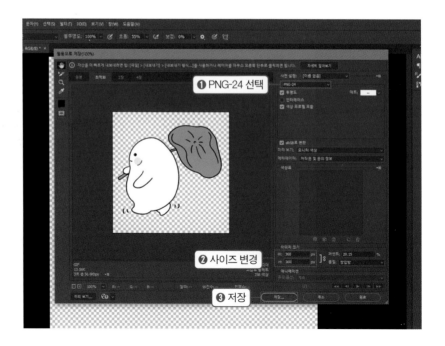

스케치와 채색 시
레이어를 분리하는 이유

이 질문은 수업할 때 정말 많이 받는 질문 중 하나입니다. 작업하다 보면 레이어 개수가 점점 많아져서 머리카락 레이어에 옷을 채색하기도 하고, 얼굴색 레이어에 볼터치를 함께 그리는 실수를 하기도 합니다. (사실 저도 작업하다가 한눈팔면 엄한 레이어에 그릴 때가 있어요). 이렇게 불편한데 분리하는 이유는 수정할 때 더 쉽고 간단하게 할 수 있기 때문입니다. 작업하기 전에 머릿속에 구상한 것이 명확하게 있어도 막상 그려보면 실제 느낌이 생각한 것과 다를 때가 많습니다. 대부분의 작업은 계속 수정해가며 완성하게 되는데요. 하나의 레이어에 그림과 채색을 모두 하면 일부분을 수정하기 위해 전체를 다 손봐야 하는 시간 낭비가 발생합니다. 실제 예시를 한번 볼까요? 좀 전에 완성한 그림을 다시 보도록 할게요. 연잎의 색이 채도가 높다고 생각할 수도 있고, 에그프렌즈 몸통에 흰색 말고 다른 색을 넣어보고 싶다고 생각할 수도 있어요.

의외로 채색하면서 수강생이 많이 고민하는 부분이 색감인데요. 색만 봤을 때는 예쁜 색 같아 보였는데 색칠했더니 이상하게 촌스러워지는 경우가 의외로 많습니다. 그런 경우엔 색 자체의 문제일 수도 있고 다른 색과의 조합 때문일 수도 있어요. 지금 에그프렌즈 그림 같은 경우엔 연잎 색의 채도가 그리 높은 색은 아닙니다. 그런데도 강하게 보이는 이유는 검은색의 선 때문이에요. 선의 색을 바꾸면 어떻게 느낌이 달라지는지 한번 바꿔볼게요. 스케치 레이어가 분리되어 있어서 손쉽게 색을 변경할 수 있습니다. 스케치 레이어를 더블클릭해서 레이어 스타일을 열어요. 그리고 색상 오버레이 기능으로 간단하게 색을 바꿔줍니다. 앞에서 여러 번 했던 기능이라 이젠 좀 익숙해졌을 거예요.

레이어 스타일 창을 이미지가 보이도록 옆으로 옮겨 놓고 색의 느낌을 보며 바꿔보세요. 저는 카키 느낌이 섞인 브라운 계열의 색을 선택했습니다. 색상 피커를 열어놓고 색을 클릭하면 바로 바뀐 색을 확인할 수 있기 때문에 원하는 색이 나올 때까지 여러 색을 넣어보세요. 어울리는 색을 잘 찾는 방법은 많이 해보는 수밖에 없습니다. 자꾸 해볼수록 색에 대한 감각이 더 생깁니다. 그리고 색에 대한 배합 같은 경우엔 전문가가 만들어놓은 컬러 차트를 활용하는 것도 좋은 방법입니다.

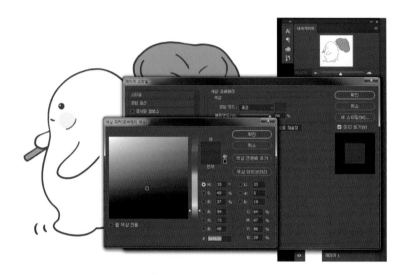

이번엔 몸통에 색을 넣어볼게요. 흰색으로 칠했던 몸통의 색을 바꾸는 것도 같은 방법으로 쉽게 바꿀 수 있습니다. 어울리는 색이 나올 때까지 여러 색을 클릭해서 이미지를 살펴보세요.

색상 오버레이로 마음에 드는 색으로 모두 변경하면 완성입니다.

선의 색만 바꾼 경우입니다. 양쪽 모두 볼과 연잎의 색이 같은데도 오른쪽이 채도가 더 낮게 느껴져
조금 더 부드러운 느낌이 듭니다.

이번엔 선과 몸통의 색까지 바꾼 경우입니다. 이번에도 역시 오른쪽이 전체적으로 더 흐린 느낌이
들죠? 색은 더 자연스러워졌지만 주목도는 왼쪽이 더 강합니다. 대비가 강한 것이 눈에 더 잘 보이
기 때문인데요. 자신의 캐릭터의 성격이나 분위기에 맞춰 선택하면 됩니다.

TMI 인기 이모티콘인 옴팡이 캐릭터도 처음 출시되었을 땐 까만 외곽선이었다가 이후에 갈색 라인으
로 바뀌었어요.

04 처음부터 끝까지 포토샵으로 그려서 이모티콘 만들기

태블릿 사용이 어느 정도 익숙해지면 처음부터 끝까지 컴퓨터 작업으로 할 수 있습니다. 익숙해지면 제일 빠르게 제작할 수 있는 방법이라 서툴더라도 반복해서 훈련하는 것을 추천합니다.

파일 새로 만들기

① 포토샵 상단 메뉴의 **파일→새로 만들기**를 눌러 새 파일을 만들어요. 지금 그릴 그림은 원본 그림이기 때문에 사이즈와 해상도는 제출용보다 크게 합니다. 샘플은 1000×1000 픽셀에 해상도 300으로 하고 나머지 내용은 그대로 둔 채 **제작** 버튼을 눌러주었어요.

② 새로운 파일이 생성되었어요. 이제 그림 그릴 준비를 시작해볼게요. 스케치 레이어와 밑그림 레이어 두 개를 만들어요. 레이어가 헷갈리지 않도록 스케치 레이어의 이름을 변경하였어요. 밑그림은 레이어 1에다 그려요.

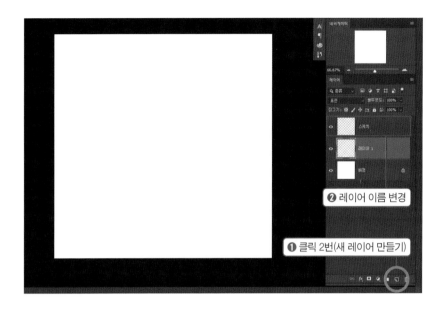

❷ 레이어 이름 변경

❶ 클릭 2번(새 레이어 만들기)

③ 툴바에서 **브러시 도구(B)**를 선택하고 캔버스 위에서 오른쪽 마우스 키를 누르면 브러시 선택 창이 나옵니다. 포토샵은 기본적으로 여러 가지 종류의 브러시가 내장되어 있습니다. 저는 연필 느낌이 나는 브러시를 사용하기 위해 **드라이 재질 브러시**에서 **KYLE 궁극의 목탄색 연필 25픽셀** 브러시를 선택했어요. 위에 있는 하드 연필보다 좀 더 두껍고 거친 느낌의 브러시입니다.

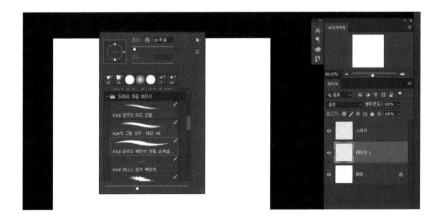

**밀그림
스케치하기**

④ 브러시 선택이 끝나면 쓱쓱 편하게 드로잉을 합니다. 밑그림이기 때문에 삐뚤어지거나 휘어도 전혀 상관없어요. 마음에 드는 라인이 나올 때까지 여러 번 다시 그어가며 그려요.

저는 공손한 느낌의 인사 메시지를 위한 포즈를 그렸어요. 이 캐릭터는 2019년도에 제작한 누니누니 캐릭터입니다.

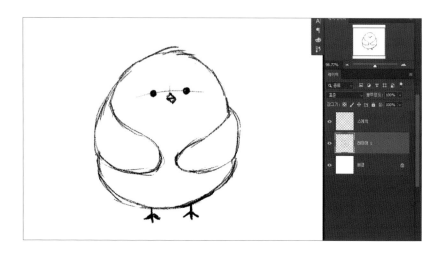

**밀그림 사이즈
조절하기**

⑤ 왼쪽과 오른쪽의 대칭을 맞추기 오른쪽 선을 더 다듬었어요. 그리고 그림 사이즈를 캔버스의 비율에 맞게 적당히 키워줍니다. **이동 도구(V)**를 선택하면 나오는 변형 컨트롤의 모서리 부분을 마우스로 당겨서 사이즈를 조절할 수 있습니다. 비율은 자동으로 유지됩니다. 밑그림은 해상도가 깨져도 상관없으니 작게 그려서 크게 키워도 됩니다.

이동 도구(V) 선택

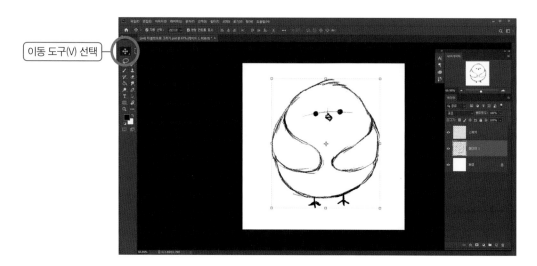

102

TIP 스케치를 하다 보면 왼쪽의 라인과 오른쪽 라인을 그릴 때 손을 쓰는 방향이 다르다 보니 자연스럽게 라인이 달라집니다. 누구나 다 겪는 자연스러운 일이기 때문에 계속 확인하며 수정해가면 됩니다. 밑그림은 어디까지나 밑그림이니까 부담 갖지 말고 빠르게 샥샥 그려주세요. 포토샵의 펜 도구(P)로 그리면 직접 드로잉을 하지 않고 선을 그을 수 있지만 저는 너무 인위적인 느낌이라 정이 없는 느낌이더라고요. 태블릿으로 직접 그리는 방식의 이모티콘은 조금 비뚤고 거친 게 매력적인 것 같아요.

**밑그림
불투명도
낮추기**

⑥ 밑그림이 있는 레이어의 불투명도를 낮춰요. 레이어를 먼저 선택하고 레이어 상단의 불투명도 숫자를 클릭해서 원하는 값으로 설정합니다. 그림 진하기에 따라서 조절하면 됩니다.

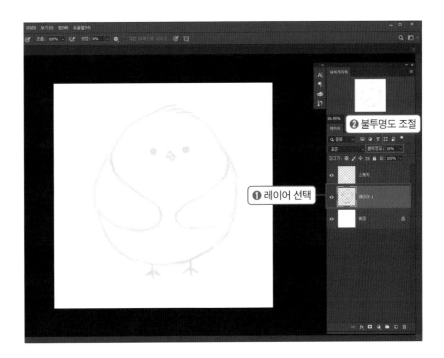

⑦ 스케치 레이어를 선택해 실제 사용될 스케치 선을 그려줍니다. 밑그림은 잔선을 썼지만 스케치는 선을 깔끔하게 그려야 해요. 먼저 브러시 굵기를 여러 번 그어보며 내 캐릭터에 맞는 굵기를 선택하고 그다음 선 보정 수치를 조금 올려주세요. 선 보정 수치는 높을수록 선이 깔끔하게 그려지지만 그리는 속도가 상당히 느려지기 때문에 렉이 걸릴 수도 있어요. 저는 10~20 정도를 주로 사용합니다. 속도가 느려지더라도 깔끔한 선을 원한다면 80 이상으로 설정하고 그리면 깔끔한 선을 그릴 수 있습니다.

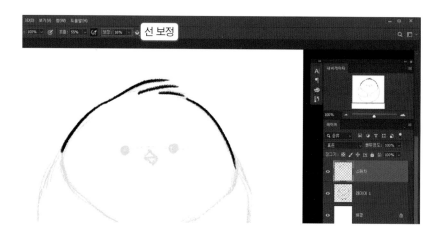

⑧ 화면을 확대하거나 회전해가며 그려줍니다. 밑그림을 놓고 선을 따는 과정에서는 제일 중요한 목표는 깔끔하게 그리는 거예요.

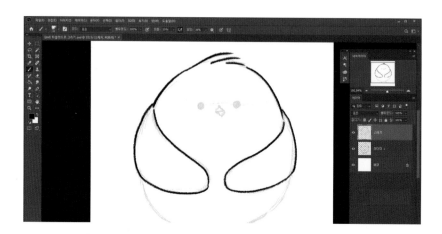

TIP 보이는 화면을 확대하거나 줄이는 것은 레이어 창 위의 네비게이터에 있는 삼각바를 이용해 조절하고, 단축 키는 Ctrl에 -, + 버튼입니다. 네비게이터 창이 안 보이는 경우엔 포토샵 상단 메뉴 창→내비게이터를 클릭하면 나옵니다.

⑨ 눈과 입까지 그려서 완성되었어요. 밑그림 레이어를 선택하고 눈을 꺼줍
니다.

⑩ 채색할 레이어를 만들게요. 레이어 이름도 만들면서 바로 바꿔주세요.
아직은 간단한 그림이라 채색 레이어의 개수가 몇 개 안되지만 색이 많
이 들어가는 캐릭터를 만들게 되면 레이어 관리가 더욱 중요해져요. 지
금부터 이름 바꾸는 습관을 들여가요.

⑪ 이 캐릭터는 흰 새 캐릭터라 팔 부분만 색이 들어갈 거예요. 결과 질감의 표현을 위해서 스케치하던 브러시 그대로 선을 쌓아 채색하였습니다. 선의 방향은 면이나 결의 방향을 따라 그려주는 게 자연스러워요.

⑫ 팔 부분의 채색이 끝났어요.

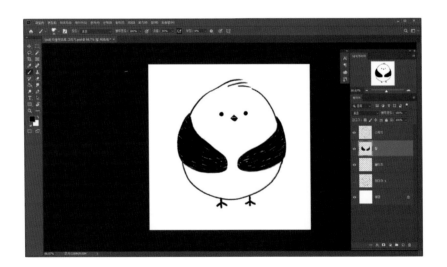

⑬ 볼터치 레이어를 선택하고 전경색을 클릭해 색상 피커를 열어 볼터치로 어울리는 색을 찾아 선택합니다.

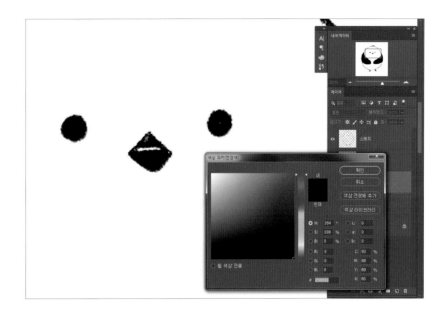

⑭ 선택한 핑크색으로 스케치와 같은 브러시로 볼터치를 그려주었어요. 귀여움이 더 추가되었죠? 컬러가 들어가지 않은 캐릭터에는 컬러 포인트를 부분적으로 주면 귀여운 느낌을 추가할 수 있어요.

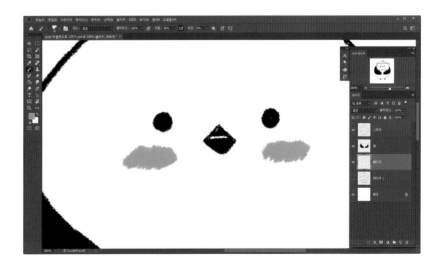

⑮ 화면을 줄여 전체 느낌을 확인합니다. 작업할 때 화면 확대와 축소를 자주 사용하며 다양한 사이즈로 그림을 확인해야 더 디테일하게 표현할 수 있고, 작게 볼 때의 느낌을 확인할 수 있어요. 이모티콘은 대부분 모바일에서 사용하는 콘텐츠라 대화창에서 상당히 작게 보인다는 점을 고려해서 작업물을 확인해야 해요.

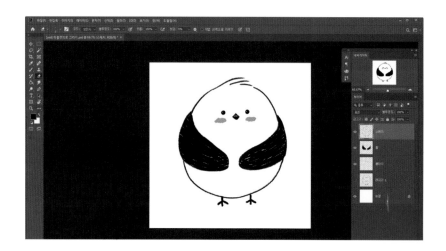

**어두운 바탕
레이어 만들기**

⑯ 완성인 줄 알았죠? 하지만 중요한 과정이 빠졌어요. 아까는 흰색의 배경 레이어가 제일 밑에 깔려 있었기 때문에 흰 캐릭터로 보였는데요. 다른 컬러의 밑색을 깔면 이렇게 된답니다. 이모티콘은 그림 내부에 빈(투명한) 공간이 있으면 반려 사유가 되기 때문에 캐릭터가 흰색일 경우엔 흰색으로 칠해야 합니다.

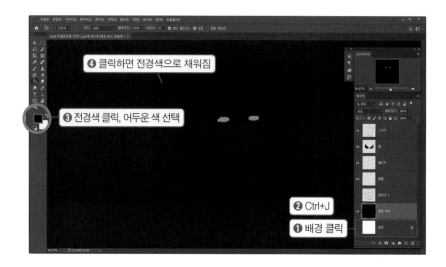

배경 레이어를 클릭한 후 **Ctrl+J**를 누릅니다. 그러면 배경 복사 레이어가 생깁니다. 그다음 전경색을 클릭해 어두운 색을 선택합니다. 그리고 그림의 빈 공간을 클릭하면 선택한 색으로 채워집니다.

몸통 채색하기

⑰ 몸통의 색을 칠합니다. 화면을 확대해서 외곽 부분까지 꼼꼼하게 칠해요. 이렇게 넓은 면의 단색은 **선명한 원** 브러시로 해줍니다. **페인트 통 도구(G)**를 사용하지 않는 이유는 외곽선이 막혀있지 않아서 사용할 수 없기 때문이에요.

⑱ 연필 브러시 종류는 중간에 빈 공간들이 있기 때문에 팔 부분도 뒷면에 꼼꼼하게 색을 채워야 합니다.

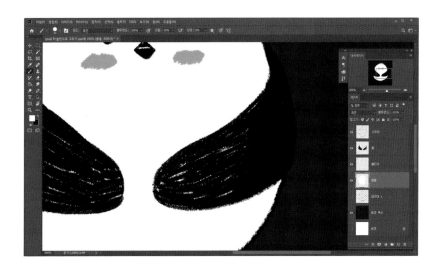

19 빠짐없이 색을 채우기 위해서 팔 채색 레이어를 잠시 꺼서 작업해요.

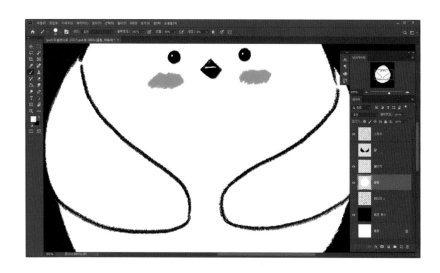

20 머리털 부분은 연필 브러시로 질감을 살려 마무리했어요.

㉑ 사이즈를 줄여 빠진 부분은 없는지 레이어 이름에 맞게 제대로 칠했는지
확인합니다.

**글씨 레이어
만들기**

㉒ 텍스트를 넣을 새 레이어를 만들어 글씨로 레이어 이름을 바꿨습니다.
글씨가 잘 보이도록 어두운 색 레이어는 끄고, 흰색 레이어를 켜줍니다.

㉓ 글씨 레이어를 선택하고 손글씨를 써주었어요. 깔끔한 글씨를 위해 **선명한 원 압력 크기** 브러시를 사용했습니다.

㉔ 완성이 되었으니 저장을 해볼까요. 배경 레이어를 끄고 상단 메뉴의 **파일→내보내기→웹용으로 저장**을 눌러주세요.

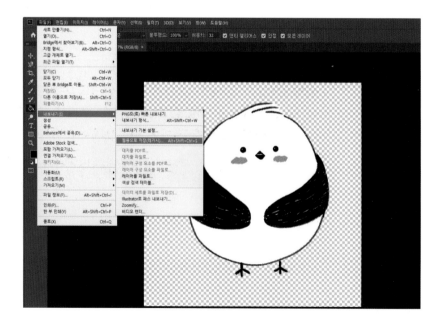

(25) 오른쪽 상단에서 PNG-24를 선택하고, 하단의 사이즈를 360×360으로 변경합니다. 그리고 저장 버튼을 눌러주세요.

자, 이렇게 태블릿에서 처음부터 끝까지 작업한 이모티콘 하나가 완성되었습니다.

멈춰있는 이모티콘 제작에 성공했다면

앞으로 여러분은 더 많은 것을 만들 수 있습니다.

이제 움직이는 이모티콘으로 넘어가 볼게요.

다양한 기법으로 움직이는 이모티콘을 만들 수 있습니다.

단순한 움직임 만들기부터 동작의 변화나

동영상을 이용해 만드는 움직이는 이모티콘, 마지막으로 아이패드에서

만들 수 있는 움직이는 손글씨 이모티콘까지 차근차근 하나씩 도전해요.

Chapter 3

움직이는
이모티콘 만들기

움직이는 이모티콘 제작 기본 익히기

움직이는 이모티콘의 제작에 앞서 애니메이션의 기본을 배워보아요. 우리가 제작할 이모티콘은 최대 24프레임의 짧은 움직임이지만 애니메이션의 원리가 반영되어 있습니다. 애니메이션 기본기를 알면 움직이는 이모티콘 제작이 수월해질 거예요.

동작의 3원칙

가장 기본적인 동작의 3원칙이란 것이 있습니다. 아래의 세 가지를 말하는 것인데요.

① 예비 동작[Anticipation]
② 본 동작[Action]
③ 잔여 동작[Cushion or Secondary Action]

예를 들면 야구 경기에서 투수가 공을 던질 때 공을 세게 던지기 위해 포즈를 잡습니다. 더 힘을 잘 쓸 수 있도록 팔을 뒤로 젖힙니다. 이 동작이 예비 동작이 되겠죠. 그다음 공을 힘차게 던집니다. 이것이 본 동작입니다. 그리고 공을 던진 힘이 남아 몸이 앞으로 쏠리는 현상이 생깁니다. 이것이 잔여 동작입니다.

어떤 동작이든 힘을 어느 정도 세게 가해 움직이다가 한순간에 딱 멈추는 것은 불가능합니다. 자동차 브레이크를 밟았다고 바로 멈추는 게 아니듯이 움직임도 멈추기 전까지의 과정이 있어요. 그런 원리를 잘 생각해서 동작을 표현할 때 적용하면 훨씬 자연스러운 동작을 만들 수 있습니다.

이모티콘의 예를 들어 볼게요. 오버액션토끼 이모티콘 중 엄지를 드는 이모티콘이 있는데요. 시작하자마자 토끼가 엄지척을 하는 게 아니라 잠시 움찔거리다가 손을 올려 엄지척을 합니다. 그리고 별 모양이 뾰로롱 나왔다가 사라집니다. 여기에서 움찔거리는 게 예비 동작이 되고, 본 동작은 엄지척이 되겠죠. 그리고 별모양의 뾰로롱은 잔여 동작이 됩니다. 엄지척으로 끝나면 조금 허전할 수 있는 부분을 보완하고 컬러 효과도 있어 일석이조입니다. 움찔거리는 동작은 본 동작과 크게 연관은 없지만 어느 동작에든 활용할 수 있는 예비 동작 중 하나예요. 뒤에서 쉽게 움찔 동작을 만들 수 있는 방법도 배울 거예요.

스쿼시&
스트레치

스쿼시와 스트레치는 만화에서 자주 볼 수 있는 효과인데요. 과장된 운동감을 위해 늘이거나 찌그러뜨리는 동작을 말합니다. 만화에서 캐릭터가 벽에 부딪혔을 때 얼굴이 납작하게 찌그러진다든지, 점프할 때 얼굴이 세로로 길쭉하게 늘어나는 표현 같은 거 자주 보셨죠? 이런 표현이 모두 스쿼시&스트레치입니다. 동물 캐릭터든 사람 캐릭터든 조금씩 이런 요소를 응용하면 애니메이션이 더 풍성해지는 효과가 있어요. 다만 주의할 점은 부피감이 달라

지면 안 된다는 점이에요. 부피는 그대로 있고, 모양만 늘어나고 찌그러져야 운동에 의해 달라진 것처럼 보입니다. 만약 부피가 확 커지거나 줄어들면 사이즈가 변화된 것처럼 보이므로 주의해요.

관성의 법칙

관성의 법칙은 외부에서 힘이 가해지지 않는 한 모든 물체는 자신의 상태를 그대로 유지하려고 하는 것을 말해요. 물리 시간에 많이 들어보았던 이야기입니다. 일상에서 매일매일 일어나고 있는 일에도 이 법칙이 많이 적용되는데요. 물이 담겨있는 컵을 앞쪽으로 확 밀었을 때 물이 뒤쪽으로 쏠리는 거 많이 보셨죠? 이것도 관성에 의한 현상입니다. 컵이 앞으로 움직였지만 물은 관성에 의해 제자리에 있으려고 하는 힘 때문에 뒤쪽으로 쏠리게 되는 겁니다.

비슷한 예로 버스를 타고 가다가 갑자기 출발하는 경우 몸이 뒤로 쏠리는 것도 마찬가지입니다. 급정거할 때는 앞으로 쏠리게 되죠. 차만 움직이는 것이 아니라 차 안에 있는 사람도 그 힘의 영향을 받게 됩니다.

여러분의 몸을 그런 상황처럼 움직여보세요. 어디가 또 움직이나요? 우리 몸이 어떤 방향으로 힘을 받을 때 옷이나 머리카락도 그 힘의 영향을 받습니다. 예전에 가르쳤던 수강생이 캐릭터가 폴짝폴짝 뛰는 이모티콘을 만들어온 적이 있습니다. 분명 어딘가 어색한데 왜 그런지 모르겠다며 가져왔어요. 자세히 살펴보니 그림을 덜 그리기 위해 레이어를 복사해서 다리와 몸통 위치만 바꾸고 머리카락과 옷자락은 그대로 두었더라고요. 움직임의 방향에 따라 머리카락 날리는 것도 적용하고 옷자락도 함께 움직이도록 피드백 해주었더니 한결 자연스러운 움직임이 되었습니다.

작업을 하다 보면 어디를 어떻게 움직여야 할지 모르겠다 싶을 때도 있을 거예요. 저도 자주 그래요. 그럴 때엔 본인이 직접 움직이며 테스트하는 것이 가장 정확합니다. 디즈니에서 애니메이션 원화 그리는 분들이 작업하는 걸 다큐멘터리에서 본 적이 있는데요. 책상 위에 큰 손거울이 있었어요. 그림을 그리며 자주 거울로 표정을 지어보고 확인을 하더라고요. 저는 그 정도 그림 그리는 분들은 어떤 동작, 어떤 표정이듯 한 번에 쫙쫙 그려낼 거라고 막연하게 상상해왔거든요. 그런데 아니었어요. 초창기 애니메이션 제작 때는 모델에게 공주 캐릭터 옷을 입히고 이리저리 몸을 흔드는 영상을 찍어서 그 드레스가 움직이는 걸 토대로 애니메이션을 만들었다고 해요. 지금은 기술이 발전해서 그런 방식을 잘 쓰진 않지만 이모티콘처럼 개인이 애니메이션을 만들어야 할 때는 적용하기 좋은 방식이라 생각해요. 결국 정확하고 섬세한 표현을 위해선 언제나 관찰이 제일 중요하다는 것 잊지 마세요.

운동과 속도

애니메이션을 만들 때 중요한 요소 중 하나는 시간입니다. 우리는 이모티콘 제작을 위해 GIF를 만들어야 하는데 GIF는 장면에 시간을 부여해서 움직이는 이미지로 만들어주는 원리입니다.

동작이 있으면 그에 맞는 속도를 부여해야 자연스러워지는데요. 이를 위해선 운동과 속도에 대해 이해하고 있으면 편합니다.

이모티콘을 처음 만드는 경우에는 보통 속도를 일정하게 설정하곤 합니다. 그런데 사람이나 동물의 움직임이 로봇처럼 일정한 속도로 움직이지 않기 때문에 재생을 해보면 뭔가 어색할 때가 있습니다.

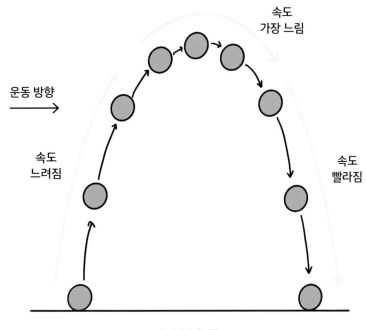

포물선 운동

공을 위로 던지는 운동을 한다고 생각해 볼게요. 그림처럼 포물선 운동을 하게 될 텐데요. 공을 던져서 위로 가는 동안은 점점 속도가 느려지고 정점에 다다르면 가장 느려집니다. 그리고 다시 내려올 때는 중력의 힘을 받기 때문에 속력이 점점 빨라지게 됩니다. 그림 속의 공과 공 사이는 같은 시간이 걸립니다. 영상 캡처의 간격 같은 거라 생각하면 됩니다. 같은 간격으로 캡처를 했는데 공이 움직인 거리가 다릅니다. 속도가 달라졌기 때문이에요.

특별한 경우의 등속 운동을 제외하고는 대부분의 움직임에서 속도가 느려지고, 빨라지는 구간이 있습니다. 이모티콘의 움직임을 만들 때에도 어디를 조금 빠르게 할지 느려지게 할지 고민하는 것이 좋겠죠.

공 던지는 모습을 이모티콘으로 만든다고 한다면 그림을 앞의 그림처럼 그렸을 경우엔 시간을 프레임마다 동일하게 설정하면 됩니다. 그림으로 시간이 나타나기 때문이죠. 만약 그림을 똑같은 간격으로 그렸다고 하면 시간을 각각 다르게 설정하면 됩니다. 중간까지는 점점 느려지고 중간 이후부터 다시 빨라지도록 설정하면 두 이모티콘은 비슷한 결과물로 보일 거예요.

좀 더 간단하게 요약하면
- ☑ 시간을 동일하게 설정할 땐 그림으로 시간(간격)의 차이를 나타낼 것
- ☑ 그림에서 움직임 간격이 일정할 땐 시간으로 느려지고 빨라지도록 설정할 것

제 개인적 경험으로는 실제 제작에서 그림으로 간격의 차이를 어느 정도 주고 부족한 부분이 있을 때 시간에서 조금씩 보완해 주는 방식이 제일 편했어요. 사람마다 작업 방식이 다를 수 있으니 직접 경험하며 나에게 맞는 스타일을 찾아보세요.

움직이는 이모티콘 제작 순서

움직이는 이모티콘을 제작할 때 많은 분이 작업 순서를 잘못 알고 있는 경우가 많습니다. 10개의 프레임으로 애니메이션을 만든다고 할 때 1번 프레임부터 순서대로 1→2→3 이렇게 그림을 그려나가는 거라고 생각하는 경우가 많아요.

대부분의 움직임은 이렇게 도미노처럼 앞에서부터 그려나가면 간격 조절을 제대로 하는 게 상당히 어렵고, 중간에 수정해야 할 그림을 더 많이 그려야 하므로 작업 효율성이 떨어집니다. 물론 예외의 경우도 있지만 대부분의 경우엔 큰 장면을 설정하고 사이사이에 장면을 추가하는 방식으로 하는 것이 유리합니다.

꾸벅 인사하는 애니메이션을 만든다고 가정을 해볼게요. 그럼 첫 장면은 반듯하게 서 있는 장면이 될 거고 중간에 꾸벅 인사하며 고개를 숙인 장면이 있고 다시 일어나서 반듯하게 서게 될 거예요. 반듯하게 서 있는 장면을 1이라고 하고, 고개를 완전히 숙인 장면을 2라고 해줄게요. 작업은 1번과 2번을 그려줍니다. 그리고 1번, 2번, 1번 이렇게 붙여줍니다. 이 이모티콘 같은 경우엔 1→2까지의 움직임만 그려주면 뒷부분은 복사해서 다시 쓸 수 있습니다. 처음과 끝을 설정한 후에 사이 장면을 그리고 다시 그 사이사이 장면을 추가하는 방식으로 제작합니다. 그림으로 표현하면 아래와 같습니다.

*숫자는 작업 순서입니다

주요 장면과 처음 끝 장면을 그려주고 그 사이사이에 계속 추가해서 프레임을 늘려나가는 방식입니다. 3개의 프레임이 5개가 되고, 그다음 9개가 됩니다. 3개로도 애니메이션이 되고, 5개로도 되고, 9개로도 됩니다. 프레임이 많을수록 동작이 매끄러워집니다. 이모티콘은 최대 24개(카카오톡)까지의 프레임을 사용할 수 있으니 그 안에서 제작하면 됩니다.

프레임의
타임 설정

프레임의 타임 설정은 전체 시간을 프레임의 개수로 나눠서 대략적으로 몇 초인지 계산합니다.

예시) 전체 시간을 2초로 정했을 때 5개의 프레임이면

2÷5=0.4초

프레임을 추가해서 10개로 늘었다면

2÷10=0.2초

장면이 늘어났는데 시간이 그대로 적용되면 길이가 상당히 길어지겠죠. 사이 사이에 장면이 추가되면 시간은 반비례하게 줄어든다는 것만 기억하면 됩니다. 혹시나 이런 계산이 어렵다고 느껴진다면 그냥 넘어가도 좋아요. 실제로 제작하면서 초를 적용해보면 느끼게 될 거예요.

TMI 이모티콘을 만들면 0.1초 단위, 때로는 0.01초 단위를 설정하게 될 때가 있어요. 이런 제작을 자꾸 하다 보니 0.1초의 단위가 꽤나 크다고 느껴지는 순간이 와요. 뭐든 자꾸 하다 보면 예민하게 알아볼 수 있는 감각이 길러지는 것 같아요. 처음에 생소하고 어려워도 걱정하지 마세요. 하다 보면 익숙해져요.

01 캘리그라피&배경 그림(수채화) 움직이는 이모티콘 만들기

움직이는 이모티콘 중 비교적 간단하게 만들 수 있는 스타일입니다. 글씨와 수채화 이미지만 준비되면 추가로 그리는 작업 없이 편집만으로 움직이는 이모티콘을 만들 수 있어요. 자, 그럼 시작해 볼까요.

준비하기

① 수채화로 그린 물 번짐 이미지와 붓펜으로 쓴 Love 글씨를 포토샵에서 레이어를 다 분리합니다. 글씨는 붙여서 쓴 글씨인데요. 애니메이션으로 하나씩 나오는 효과를 줄 거라 하나씩 떼어주었어요. 레이어 오리기는 **사각형 선택 윤곽 도구(M)**를 클릭하고 마우스로 원하는 곳을 드래그 한 후 마우스 오른쪽 키를 누르면 창이 나옵니다. 거기서 오린 레이어를 선택하면 선택한 부분이 새로운 레이어로 분리됩니다. 형태가 복잡한 경우에는 **올가미 도구(L)**를 이용해 마우스로 영역을 선택하고 전자와 같은 방법으로 오린 레이어를 선택하면 됩니다. 타임라인으로 제작하는 애니메이션은 타임라인을 설정하기 전에 레이어 세팅을 모두 끝내놓고 열어서 설정합니다. 그래서 지금부터 구상한 애니메이션에 필요한 레이어를 추가로 만들어 줄 거예요.

TIP 이미지 오려서 레이어 분리하는 방법

**글씨 레이어
복사하기**

② L, O, V, E 레이어를 각각 복사해 줍니다. 원하는 레이어를 클릭하고
Ctrl+J를 누르면 레이어가 복사됩니다. 복사된 레이어는 뒤에 '복사'라는
이름이 붙어 있습니다.

③ 이번엔 수채화 레이어를 4개 복사해서 총 5개를 만들어요. 그리고 레이어 이름을 20, 40, 60, 80, 100으로 변경합니다. 이건 수채화 레이어가 스르륵 나타나는 효과를 위한 레이어인데요. 이름의 숫자는 불투명도를 뜻합니다. 이름에 적어준 불투명도대로 각각의 레이어 불투명도를 설정해요.

④ 이번엔 글씨 레이어로 다시 돌아와 복사된 레이어들을 편집해 줄 거예요. 글씨가 하나씩 나타나는 효과를 줄 예정인데요. 그냥 툭 튀어나오는 것보다 중간 단계가 있으면 한결 부드러워집니다. 복사 레이어를 불투명도는 50으로 만들고 **이동 도구(V)**를 선택해 하나씩 사이즈를 2/3 정도로 줄여줄 거예요. 이미지를 클릭했을 때 네모 박스가 보이지 않을 때엔 상단의 **변형 컨트롤 표시**의 박스를 체크합니다.

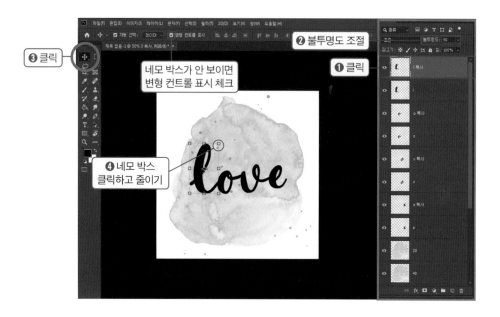

⑤ L 복사 레이어를 L 레이어 2/3 정도의 사이즈로 줄였어요.

⑥ O 복사 레이어도 사이즈를 2/3 정도 비율로 줄입니다.

⑦ V와 E 복사 레이어도 사이즈를 2/3 정도 비율로 줄입니다.

⑧ 큰 글씨들을 레이어 눈을 꺼서 작은 글씨의 비율이 잘 맞는지 확인합니다. 불투명도와 사이즈, 위치가 모두 적당해 보입니다.

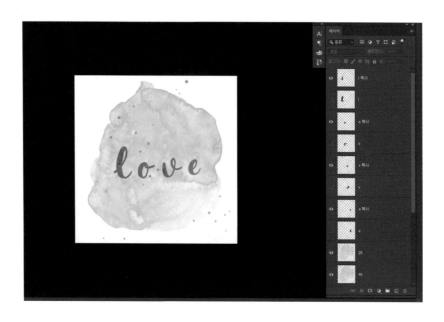

⑨ 모든 세팅이 끝나면 모든 레이어의 눈을 다 꺼주세요. 그리고 상단 메뉴 **창→타임라인**을 열어주세요.

**타임라인-
프레임 만들기**

⑩ 타임라인은 화면 하단에 길게 나옵니다. 화면과 같은 모양이 아닐 경우 좌측 하단의 A를 누르면 화면과 같이 바뀝니다. 1번 프레임의 초를 눌러 0.1초를 선택해요.

⑪ 타임라인의 설정은 별도의 저장 버튼이 없습니다. 프레임을 누른 상태에서 보일 레이어의 눈을 켜주면 그게 그대로 저장됩니다. 단 1번 프레임에서 새로운 이미지를 넣거나 빼면 전체 프레임에 똑같이 적용되므로 주의해야 합니다. 이제 1번 프레임부터 하나씩 새로 만들며 원하는 프레임 화면을 만들어주면 되는데요. 지금 샘플에서는 수채화 그림이 스르륵 먼저 나오고 그 위에 글씨가 한 글자씩 나오게 해줄 거예요. 1번 프레임은 20% 불투명도의 레이어를 선택합니다.

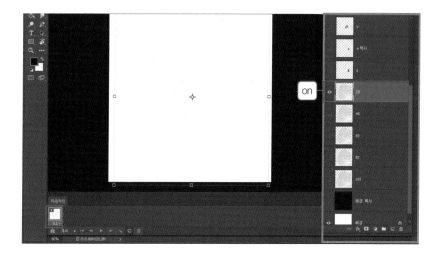

⑫ 타임라인 하단의 종이 접힌 모양을 누르면 새 프레임이 생성되는데 항상 바로 앞 레이어가 복사됩니다. 켜져 있는 20 레이어를 끄고, 40 레이어를 켜주세요.

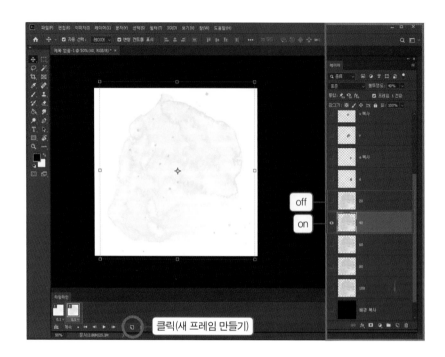

⑬ 새 프레임을 만들고 40 레이어를 꺼주고, 60 레이어를 켜주세요.

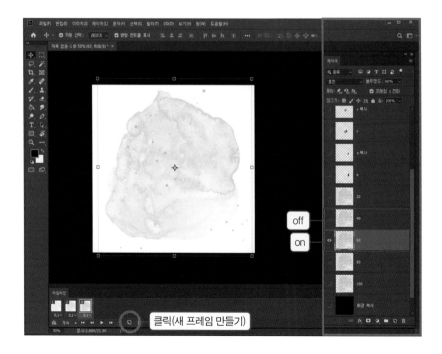

⑭ 새 프레임을 만들고 60 레이어를 꺼주고, 80 레이어를 켜주세요.

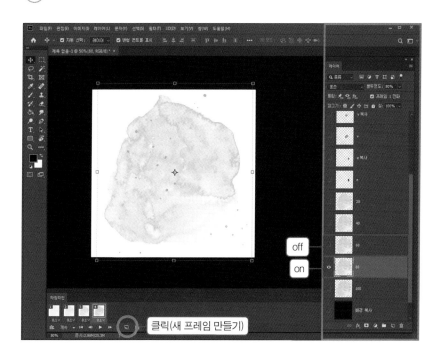

⑮ 새 프레임을 만들고 80 레이어를 꺼주고, 100 레이어를 켜주세요. 100 레이어는 이제부터 쭉 그대로 둘 거예요.

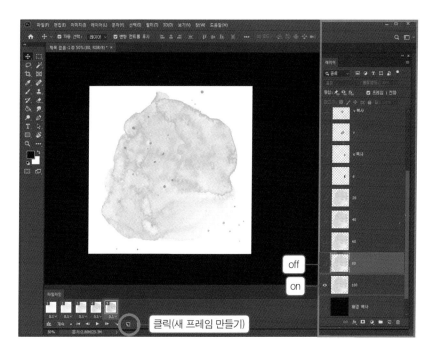

(16) 새 프레임을 만들고 L 복사 레이어를 켜줍니다.

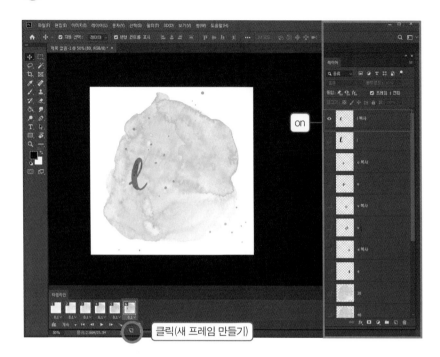

(17) 새 프레임을 만들고 L 복사 레이어를 꺼주고, L 레이어를 켜주세요.

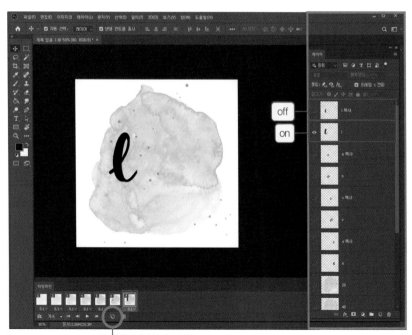

18 새 프레임을 누르고 O 복사 레이어를 켜주세요.

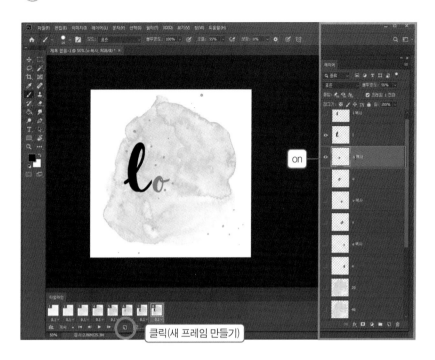

클릭(새 프레임 만들기)

19 새 프레임을 누르고 O 복사 레이어를 끄고, O 레이어를 켜주세요.

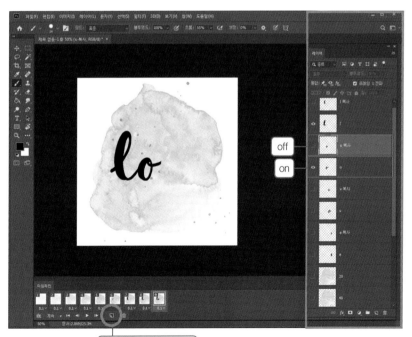

클릭(새 프레임 만들기)

⑳ 새 프레임을 누르고 V 복사 레이어를 켜주세요.

클릭(새 프레임 만들기)

㉑ 새 프레임을 누르고 V 복사 레이어를 끄고, V 레이어를 켜주세요.

클릭(새 프레임 만들기)

㉒ 새 프레임을 누르고 E 복사 레이어를 켜주세요.

㉓ 새 프레임을 누르고 E 복사 레이어를 끄고, E 레이어를 켜주세요.

그림과 글씨가 모두 차례로 나오는 설정이 끝났어요. 이제 시간 조정을

해볼게요.

㉔ 1번 프레임부터 마지막 프레임까지 모두 0.1초로 설정이 되어 있어요.
맨 마지막 프레임만 초를 눌러 0.5초로 선택해요. 하단의 재생 버튼을 눌
러 움직임이 어색하지 않은지 확인합니다. 작업 중간중간 계속 재생하면
서 확인하는 것이 좋아요.

㉕ 애니메이션이 완성되었다면 GIF 파일로 저장합니다. 상단 메뉴 **파일→내
보내기→웹용으로 저장**을 눌러주세요.

㉖ 오른쪽 상단에 파일 종류를 GIF로 변경하고 하단에 이미지 크기를 카카 오톡 사이즈인 360×360으로 바꿔주세요. 그리고 재생 버튼을 눌러 잘 움직이는지 마지막으로 확인해요. 별문제가 없다면 저장 버튼을 누르면 됩니다. GIF 파일 1개가 완성되었어요.

움직이는 GIF
샘플 이미지를
확인하여 주세요!

아이패드 프로크리에이트로 만드는
초간단 움직이는 이모티콘

손글씨가 스르륵 나타나는 GIF 만들기

요즘 아이패드 쓰시는 분들 많이 있죠. 저도 아이패드 프로 12.9인치를 사용하고 있습니다. 예전에는 붓펜으로 쓴 글씨를 스캔해서 옮기고 포토샵으로 깔끔하게 편집하는 데 시간이 오래 걸렸는데, 아이패드로 글씨 작업을 한 이후로는 작업 시간이 많이 줄었어요. 물론 수작업의 맛을 그대로 살릴 수는 없지만, 이모티콘에 들어가는 손글씨용으로는 딱 좋은 것 같아요. 저 같은 경우는 그림은 수채화를 직접 그려서 컴퓨터에 옮기는 경우가 많아 그림 따로 글씨 따로 작업해서 포토샵에서 이미지를 합치고 애니메이션 작업을 하는 편입니다.

① 손글씨 쓰기

프로크리에이트 앱에서 스크립트펜 브러시로 글씨를 써주었어요.

② 애니메이션 어시스트 켜기

왼쪽 상단의 동작 버튼을 눌러 애니메이션 어시스트를 켜줍니다. 그러면 하단에 프레임 창이 생기는데요. 자동으로 새 프레임이 생겨있을 거예요. 새 그림을 그릴 땐 거기다 그리면 되지만 지금은 레이어를 복사해서 사용할 거라 지워줍니다.

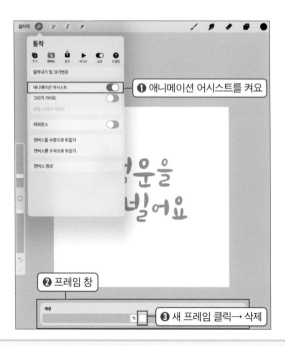

❶ 애니메이션 어시스트를 켜요

❷ 프레임 창

❸ 새 프레임 클릭→ 삭제

③ 레이어 복제하기

레이어 창을 눌러서 글씨 레이어를 왼쪽으로 밀면 여러 메뉴가 나옵니다. 그중에 복제를 눌러줍니다. 레이어가 복제되면 프레임 창에도 새 프레임이 생깁니다.

하단의 프레임 창에서 프레임을 눌러서 나오는 메뉴에서 복제해도 됩니다.

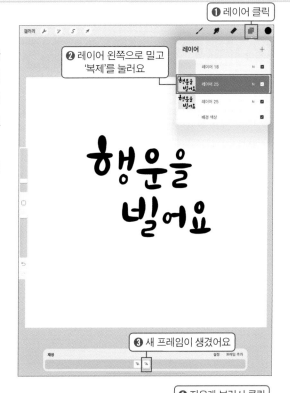

④ 지우개 브러시 선택하기

스르륵 효과를 만들 때는 지우개 브러시만 있으면 됩니다. 지우개 툴을 눌러서 '소프트 브러시'를 선택합니다.

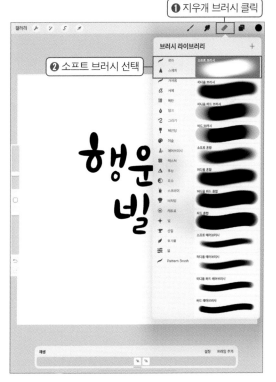

⑤ 각 프레임 순서대로
  지우개로 지우기

이제 순서대로 지우개로 지울 차례입니다. 대각선으로 스르륵 나오게 하기 위해서 지우개질 방향도 사선으로 지워요.

첫 프레임이라 왼쪽 상단 일부만 남기고 다 지워줍니다.

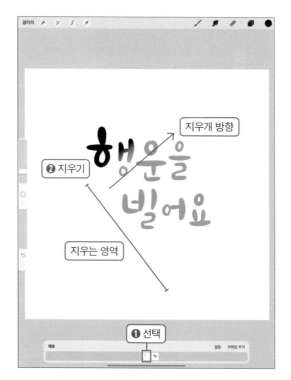

다시 레이어나 프레임을 복제합니다. (글씨 전체가 있는 레이어) 그다음 프레임을 선택하고 지우개로 지워줍니다. 앞 프레임보다 조금 더 남기고 지웁니다.

그다음 프레임도 같은 방법으로 레이어 복제→지우개로 지우기를 반복합니다.

맨 뒤 앞에 있는 프레임에서는 불투명도를 낮춰서 지우기 위해서 불투명도 바를 조절합니다. 상단에 있는 바는 브러시 사이즈 조절이고, 하단은 불투명도를 조절하는 바입니다.

브러시 사이즈

불투명도

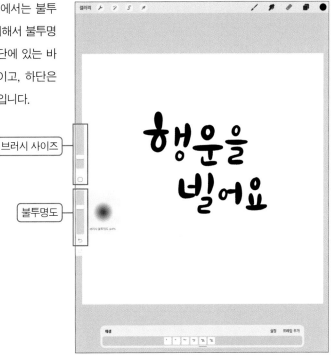

중간 불투명도의 지우개 브러시로 끝 부분만 살짝 지워줍니다. 마지막 프레임은 글씨 원본 그대로 놔두면 되기 때문에 지우개질이 끝났습니다.

⑥ 애니메이션 타임 설정하기

이제 타임 설정할 거예요. 프레임 창에 있는 설정 버튼을 누르고 '루프'를 선택합니다. 루프는 계속 반복해서 재생되고, 핑퐁은 1→6프레임으로 갔다가 6→1프레임으로 다시 돌아오는 형식을 말합니다. 원 샷은 한 번만 재생됩니다.

각 프레임의 타임 설정은 초당 프레임의 숫자로 설정합니다. 저는 5를 선택했는데요. 1초에 5프레임이 되니까 각 프레임당 0.2초가 됩니다. 재생을 계속 눌러보며 자연스러운 움직임이 되도록 숫자를 설정합니다.

앞에 했던 설정은 전체 프레임 시간을 동일하게 해주는 설정인데요. 만약 마지막 프레임을 길게 만들고 싶다면 따로 설정해야 합니다. 변경하고 싶은 프레임을 꾹 누르면 프레임 옵션이 뜹니다. 마지막 프레임을 길게 보여주기 위해 유지 지속시간을 3으로 올렸더니 마지막 프레임 뒤에 복사된 프레임 3개가 새로 생겼습니다. 포토샵에서 하는 것처럼 프레임의 시간 설정이 바뀌는 게 아니라 같은 프레임 개수를 늘려서 오래 지속하는 것처럼 보이게 됩니다. 설정이 끝나면 다시 재생을 눌러 확인합니다.

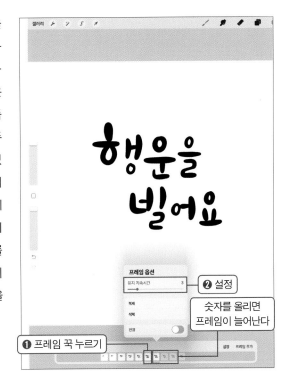

⑦ GIF 파일로 저장하기

애니메이션 작업이 끝났다면 이제 GIF로 저장하면 됩니다. 왼쪽 상단 메뉴 동작→공유→움직이는 GIF를 누르면 GIF 파일로 저장됩니다.

TIP 프로크리에이트에서의 애니메이션 작업은 비교적 간단하게 할 수 있지만 아주 세밀한 설정은 어렵기 때문에 여러분의 작업 스타일에 따라 사용할 툴을 선택하면 됩니다.

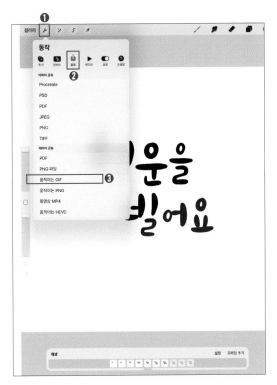

02 동영상으로 움직이는 이모티콘 만들기

그림 그리는 것이 익숙하지 않은 분은 멈춰있는 이모티콘 제작도 오래 걸리고 움직이는 이모티콘은 엄두도 못 내는 경우가 많습니다. 많은 컷이 필요하고 움직임을 어느 정도 이해해야 하는 등 움직이는 이모티콘 제작에 대해 많은 부분을 배워야 가능합니다.

처음 만드시는 분도 쉽게 만들 방법이 뭐가 있을까 오래 고민한 끝에 찾아낸 방법은 동영상을 찍어 움직이는 이모티콘을 만드는 방법입니다. 기존 작가들 중에도 움직이는 이모티콘을 위해 동작이나 표정 등을 영상으로 찍어 참고하는 분이 많이 있는데 뭐가 새롭냐고 하실 수 있는데요. 제가 알려드릴 방법은 동영상을 그대로 움직이는 이모티콘으로 제작하는 방법입니다.

이 방법은 동작을 어떻게 쪼개어 프레임을 만들지, 시간 설정은 어떻게 할지 고민할 필요 없이 파일 변환과 선 따는 작업만으로 제작할 수 있습니다. 자, 그럼 바로 도전해보세요.

동영상 찍기

우선 제작에 필요한 동영상 파일을 찍어요. 이모티콘으로 만들면 재미있을 것 같은 표정을 핸드폰 카메라 셀카 모드로 찍어요. 얼굴이 핸드폰에 꽉 차도록 찍는 것이 좋습니다. 핸드폰으로 증명사진 찍는다 생각하면 어느 정도 비율인지 감이 오시죠? 잘 찍어야 그림 그릴 때 편해요. 저는 수강생에게 사진

앱을 이용하라고 권유합니다. 그래야 피부 결의 불필요한 부분은 제외되고 필요한 이목구비 위주로 영상이 담기거든요. 촬영은 세로로 하고, 영상 길이는 3~5초 정도가 적당합니다. 영상이 길어지면 GIF로 변환할 때 컷이 많아져 편집 시간이 길어집니다. 거울이나 핸드폰을 보며 여러 번 표정 연습을 한 뒤 촬영을 해주세요. 저는 8살짜리 저희 조카에게 표정 연습을 시켜 샘플 촬영을 했습니다.

**영상 파일을
GIF 파일로
변환하기**

① 우선 촬영한 영상 파일을 PC로 옮겨주세요. 이제 영상 파일을 GIF로 변환해주는 인터넷 사이트를 가볼게요. 제가 즐겨 사용하는 사이트는 https://ezgif.com/이라는 곳입니다. 해외 사이트라 크롬에서 여는 것을 추천해요.

EZGIFCOM 사이트 상단 메뉴 중에 **Video to GIF** 메뉴를 눌러요. 그러면 아래 이미지와 같은 화면이 나옵니다.

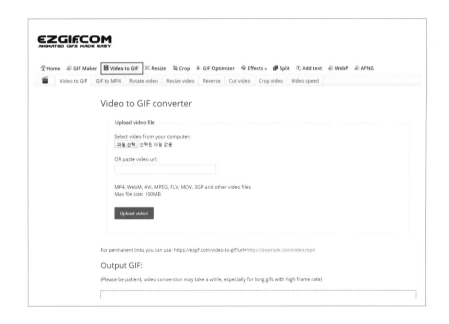

② 파일 선택 버튼을 눌러 파일을 불러옵니다. 휴대폰에서 PC로 영상을 옮길 때 찾기 쉽도록 바탕화면에 두는 게 편해요. 파일이 선택되면 파일 이름이 옆에 나오게 됩니다. 그러면 아래에 있는 파란 버튼 **Upload video!** 버튼을 눌러주세요.

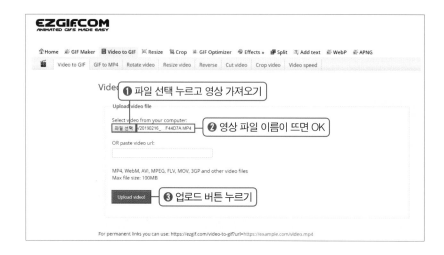

③ 업로드가 제대로 되면 아래 이미지와 같이 비디오 영상이 나옵니다. 비디오 사이즈에 따라서 업로드 시간이 꽤 걸리는 경우도 있고, 사이트 상태에 따라서 오래 걸리는 경우도 있어요. 크롬에서 사이트를 접속한 경우에는 왼쪽 하단에 업로드 상태가 %로 나오는데요. 가끔 멈춘 상태로 올라가지 않는 경우도 있는데 그럴 때엔 사이트를 다시 접속해서 처음부터 하면 정상적으로 작동할 때가 많습니다.

④ 영상이 화면에 제대로 비치면 스크롤을 아래로 내려요. 아래엔 여러 가지 설정 화면이 있는데요. 다른 것은 그대로 두고 **Frame rate(FPS)**만 수정할 거예요. 기본이 10으로 되어 있는데 5로 변경해요.

FPS(Frame Per Second)는 영상을 GIF로 변환하는 과정에서 영상의 캡처 간격을 어느 정도로 할 건지 설정해요. 숫자가 높을수록 더 많은 사진을 캡처해 움직임이 자연스러운 GIF로 변환합니다. 우리는 그림을 그려야 하므로 프레임이 많으면 제작이 어려워요. 컷을 추려내는 편집 과정을 조금이라도 줄이려면 영상은 짧게, FPS는 낮게 설정하는 것이 좋습니다.

⑤ FPS 설정 변경이 끝나면 아래에 있는 **Convert to GIF!** 파란 버튼을 눌러요. GIF가 만들어지는 동안 회색 고양이가 움직입니다.

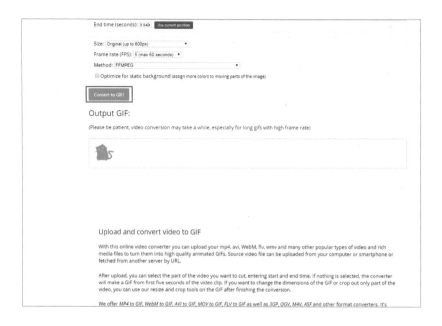

**GIF 파일
프레임 추리기**

⑥ 다 만들어지면 회색 고양이가 사라지고 GIF가 나옵니다. 나온 결과물에서 중복된 이미지를 추려내는 작업을 해볼게요. GIF 하단 메뉴 중 맨 오른쪽 부분에 **Frames** 버튼을 눌러요.

7. 프레임 버튼을 누르면 이미지처럼 프레임이 쭉 나옵니다. 영상 길이가 8초여서 좀 긴 편이었어요. 그래서 FPS를 5로 했지만 프레임 개수가 많아요. 총 44개나 됩니다. 움직이는 이모티콘은 프레임 개수가 최대 24개 (카카오톡 기준)까지 허용되기 때문에 프레임을 많이 줄여야 해요. 프레임을 쭉 살펴보면 같은 표정이 여러 장 나열된 걸 볼 수 있습니다. 중복된 이미지들은 **Skip** 버튼을 눌러줍니다.

작은 사진이긴 하지만 대강 보았을 때 비슷해 보이는 표정을 어느 정도 다 정리하여 주세요.

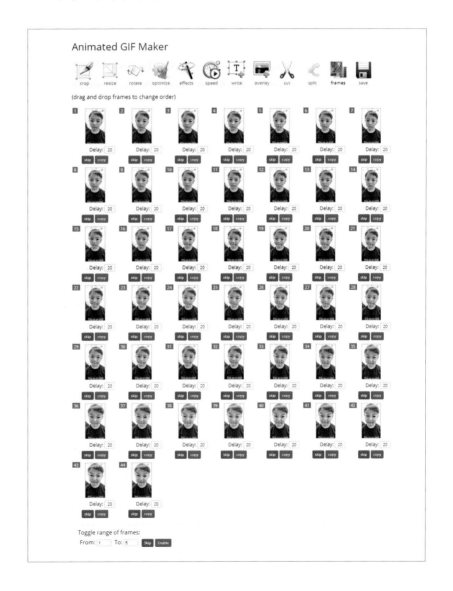

⑧ **Skip** 버튼을 누르면 아래 이미지처럼 뿌옇게 처리됩니다. 마지막 부분에는 비슷해 보이는 프레임을 더 여유 있게 남겨요. 움직이는 이모티콘을 제작할 때 마지막 부분에서 속도가 느려지도록 만들려면 프레임이 여러 개 필요하거든요.

정리가 끝나고 나면 스크롤을 아래로 내려 하단의 **Make a GIF!** 버튼을 눌러요.

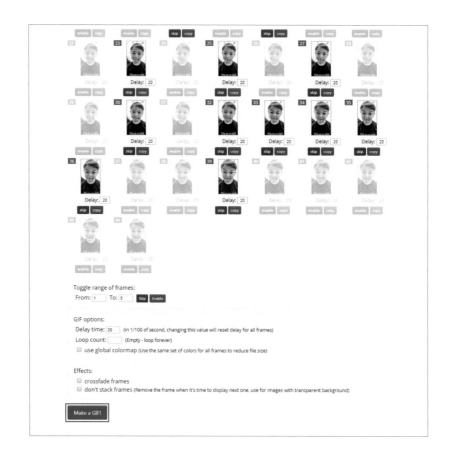

**GIF 파일
저장하기**

⑨ 생성된 GIF 하단 메뉴 중 맨 오른쪽에 **Save** 버튼을 눌러요. 저장은 PC의 다운로드 폴더에 됩니다. 이제 영상을 GIF로 변환하는 과정까지 완료되었습니다.

**포토샵에서
GIF 파일
열기**

⑩ 포토샵을 열어 상단 메뉴의 **파일→열기**를 눌러 조금 전 변환했던 GIF 완성 파일을 불러옵니다. 포토샵에서 GIF 파일을 열면 프레임이 레이어로 표시됩니다.

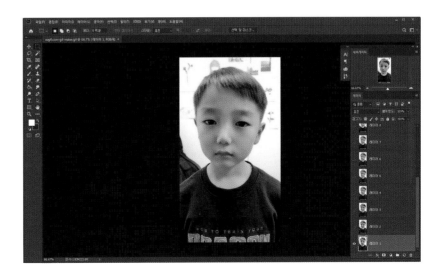

11 상단 메뉴 **창→타임라인**을 눌러요. 타임라인에도 프레임이 다 설정되어 있는 것을 확인할 수 있는데요. 우린 그림으로 다시 프레임을 설정할 예정이기 때문에 사진으로 만들어진 현재의 프레임들을 모두 지워줍니다. 프레임을 지울 때는 프레임을 선택한 상태에서 타임라인 하단의 휴지통 아이콘을 누르면 됩니다.

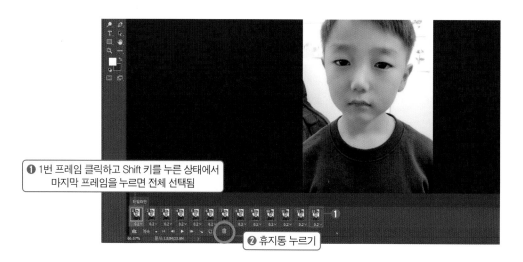

❶ 1번 프레임 클릭하고 Shift 키를 누른 상태에서 마지막 프레임을 누르면 전체 선택됨

❷ 휴지통 누르기

12 영상을 GIF로 변환할 때 어느 정도 프레임을 삭제했지만 더 디테일한 편집은 포토샵에서 열었을 때 레이어를 하나씩 켜주며 다시 확인합니다. 프레임 개수를 최대한 잘 줄여야 그림 그리는 개수도 줄어들어 작업 시간이 단축됩니다. 너무 많이 삭제하면 움직임이 어색해질 수 있으니 전체 움직임에 지장을 주지 않는 선에서 삭제합니다.

**레이어 이름
순서대로
변경하기**

⑬ 레이어 정리가 모두 끝나면 레이어 이름을 변경해요. 맨 아래가 1번입니
다. 순서대로 번호를 정리하면 내가 만들 애니메이션이 몇 개의 프레임
으로 만들어질지 알게 됩니다. 저는 8개로 정리되었어요.

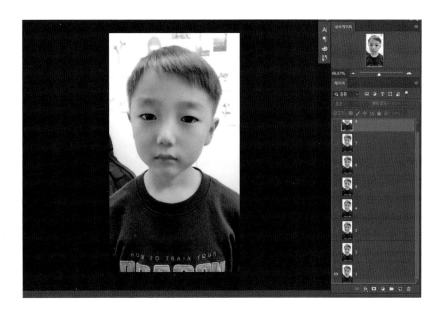

**흰색 배경
레이어 만들기&
캔버스 사이즈
조절하기**

⑭ 레이어 정리가 끝나면 **새 레이어 만들기**를 눌러 레이어를 만들어 준 뒤에
페인트 통 도구(G)를 클릭하고, 전경색을 눌러 흰색을 선택한 뒤 새로 만든
레이어에 부어줍니다. 그리고 1:1 정사각 비율로 촬영한 경우엔 그대로
써도 되지만 저처럼 세로형으로 동영상을 찍은 경우에는 캔버스 크기를
조절해요. 상단 메뉴에 **이미지→캔버스 크기**를 눌러요.

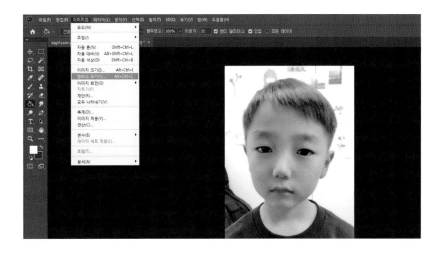

이미지 크기 도구는 이미지 사이즈를 줄이거나 늘일 때 사용하는 도구이며 캔버스 안에 있는 이미지가 통째로 줄어들고 늘어납니다. 반면에 캔버스 크기 도구는 캔버스에 있는 이미지는 그대로 있고 캔버스 사이즈만 변경되는 도구입니다. 사이즈를 줄일 경우엔 이미지가 잘리게 되고 캔버스 사이즈를 키운 경우에는 커진 만큼의 여백이 하얗게 보입니다.

(15) 캔버스 크기 도구 창이 열렸습니다. 단위를 픽셀로 변경해요. 우리는 정사각 비율의 이미지를 만들어야 하니까 높이 사이즈를 가로 폭에 맞추도록 할게요. 폭은 그대로 두고 높이에 있는 숫자만 600으로 폭과 같은 숫자로 변경하였어요.

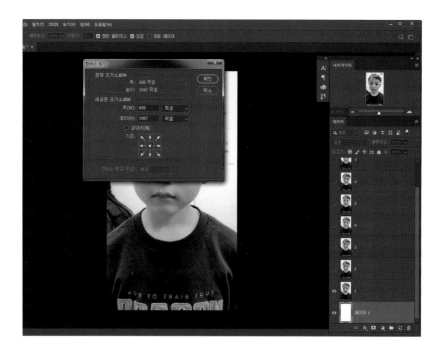

⑯ 캔버스 사이즈를 줄이면 아랫부분이 잘려나갑니다. 그림 그릴 부분을 캔버스 중앙으로 옮겨야겠죠. 레이어를 1번부터 8까지 전체 선택하고 **이동도구(V)**를 눌러 얼굴이 캔버스 중앙에 오도록 옮겨요. 꼭 레이어가 전체 선택이 된 상태에서 이동해야 해요.

중복 선택할 땐 Ctrl 버튼을 누르고 하나씩 클릭하거나 1번 레이어를 누르고 Shift 버튼을 누른 상태에서 마지막 레이어를 선택하면 중간에 끼어 있는 모든 레이어가 선택됩니다.

⑰ 1번 레이어 위에 새 레이어를 만들고 레이어 이름을 똑같이 1번으로 변경해요. 이름이 같아도 그림 레이어를 한눈에 알아볼 수 있어서 괜찮아요.

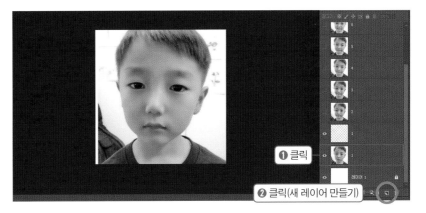

TIP 새 레이어는 선택된 레이어 위에 생성되기 때문에 작업할 때 새 레이어를 만들고 싶은 위치 아래 레이어를 선택하고 새 레이어 버튼을 누르면 편해요.

(18) 1번 사진 레이어의 불투명도를 50% 이하로 낮춰요. 사진이 많이 밝은 경우엔 불투명도를 더 높게 해야 할 때도 있어요. 이제 그림 그려줄 1번 레이어를 선택하고 **브러시 도구(B)**를 클릭합니다. 깔끔하면서 필압이 느껴지는 선의 사용을 위해 **선명한 원 압력 크기** 브러시를 선택했어요. 브러시 사이즈도 캔버스에 테스트해보고 골라주세요.

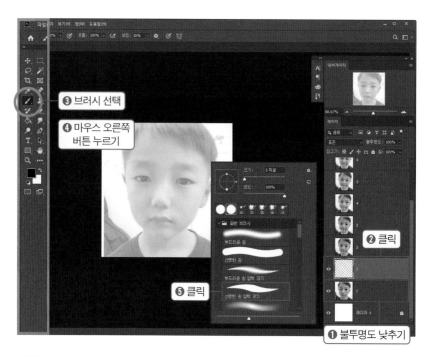

TIP 일정한 굵기의 선을 원한다면 [선명한 원]을 선택하면 됩니다.

⑲ 이제 그림을 그려줍니다. 사진에 있는 눈, 코, 입과 눈썹만 따라 그려줄 거예요. 필압 모드의 브러시를 사용할 때는 힘 조절을 잘 해가며 그림을 그려요. 저는 사진에서 선을 따는 경우엔 특별한 경우가 아니면 쌍꺼풀은 그리지 않고 눈 내부의 라인을 따라 그려주는 편입니다. 각자 여러 번의 연습을 통해서 자기만의 방식을 만들어보세요.

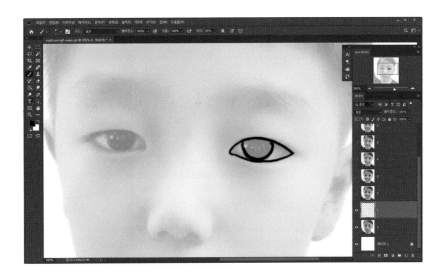

⑳ 기본적인 라인을 그렸어요. 이제 눈썹 내부, 눈동자 색을 채워줄 거예요.

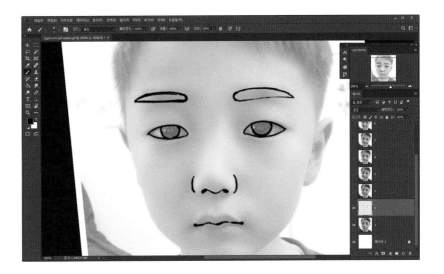

㉑ 색을 다 채우고 나면 눈동자 부분을 지우개로 살짝 지워요. 눈동자의 반
사광이 표현되어 생기 있어 보입니다.

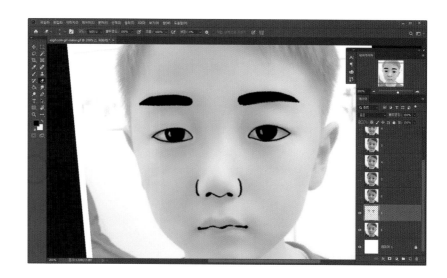

㉒ 레이어 하나가 완성되면 사진 레이어의 눈을 꺼서 색이 덜 채워진 부분
은 없는지, 이상해 보이는 부분은 없는지 확인합니다. 이상이 없으면 프
레임 하나 완성입니다.

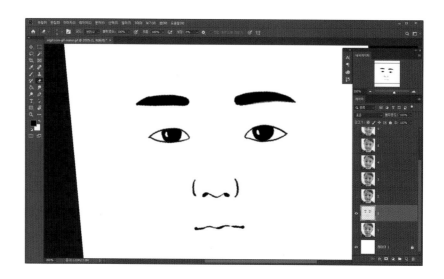

㉓ 1번 레이어에 했던 것처럼 2번 레이어 위에 새 레이어를 만들고 이름을 2번으로 바꿔줍니다. 2번 사진 레이어의 불투명도를 50%이하로 낮춰요.

㉔ 사진을 보며 그림을 그려요. 간단하게 그리는 것은 좋지만 선이 사진과 달리 벗어나면 애니메이션이 자연스럽지 않을 수 있기 때문에 위치는 최대한 사진과 맞춰요.

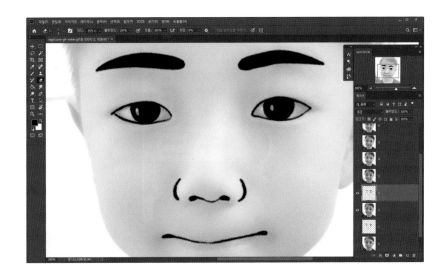

㉕ 같은 방법으로 3번 레이어를 그려요. 그림을 그릴 때는 그리기 편한 상
태로 화면을 확대하거나 축소하고 자유롭게 회전하며 그려줍니다. 여러
가지로 시도해보고 제일 편한 방식을 찾아요.

㉖ 이제 5번 레이어까지 완성했어요. 표정이 변하는 구간에서는 눈썹 라인
을 특히 신경 써서 그려요. 표정에서 눈썹이 정말 중요해요. 그리고 주름
은 거의 생략해도 되지만 표정과 관련한 강하게 잡힌 주름은 살짝 표현
하는 게 리얼한 표정이 만들어지는 데 도움이 돼요.

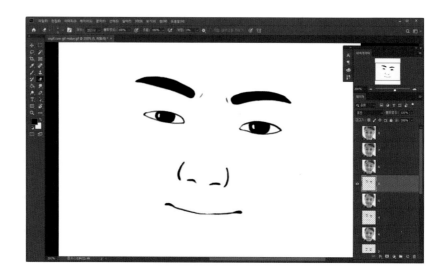

㉗ 같은 방법으로 계속 반복해서 그려요. 이제 마지막 레이어를 다 그렸어
요. 역시나 눈썹을 신경 써서 그렸습니다.

타임라인 열기

㉘ 그림 그리기가 다 끝나면 레이어 눈을 모두 끕니다. 그리고 상단 메뉴의
창→타임라인을 눌러요. 지금부터 그림 레이어로 새로 프레임을 설정해
줄 거예요.

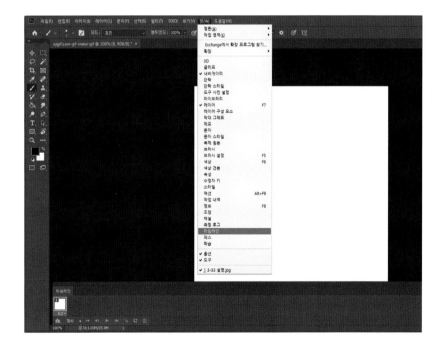

㉙ 프레임은 1번 프레임에 1번 그림, 2번 프레임에 2번 그림 이런 식으로 설정하면 됩니다. 새 프레임을 만들면 이전 프레임이 복사되기 때문에 2번 프레임은 1번 그림을 끄고 2번을 켜주고, 3번 프레임은 2번 그림을 끄고 3번 그림을 켜주고, 이런 방식을 계속 반복합니다.

㉚ 8번 프레임에 8번 그림까지 설정이 모두 끝났습니다.

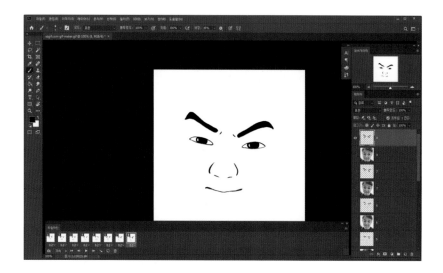

③ 1번 프레임이 0.2초로 설정되어 있었던 것은 영상을 GIF로 변환할 때 프로그램에서 자동으로 시간 설정을 해준 거예요. 그래서 그 시간 설정 그대로 진행해도 어색하지 않습니다. 일단은 맨 마지막 프레임만 시간을 눌러 0.5초로 설정했어요. 설정 후 재생 버튼을 눌러 애니메이션을 확인해요.

③ 확인했더니 앞쪽 프레임의 시간 설정을 조금 짧게 해도 될 것 같아서 1번에서 7번 프레임을 모두 선택하고 맨 끝에 프레임에서 시간을 눌러주었습니다. 자주 쓰는 초는 표기되어 있지만 그중에 원하는 초가 없을 땐 기타를 눌러줍니다. 저는 0.2초를 0.15초로 변경하려고 해요.

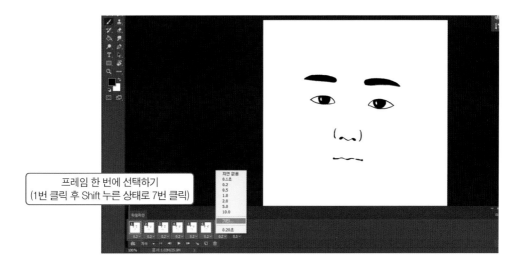

프레임 한 번에 선택하기
(1번 클릭 후 Shift 누른 상태로 7번 클릭)

③③ 기타를 누르면 프레임 지연 설정 새 창이 뜹니다. 여기에 원하는 시간을 입력합니다. 저는 0.15를 입력했어요. 확인 버튼을 누르면 중복 선택된 모든 프레임에 시간이 적용됩니다. 다시 재생을 눌러 애니메이션이 자연스러운지 확인합니다.

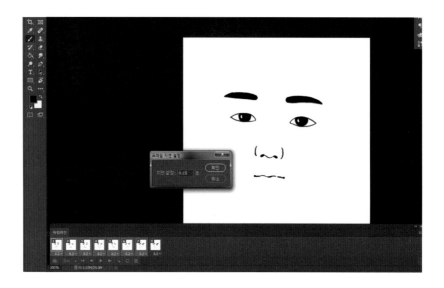

**웹용으로
저장하기**

③④ 더 이상 수정할 것이 없다고 생각되면 저장을 합니다. 상단 메뉴에 **파일 →내보내기→ 웹용으로 저장**을 눌러줍니다.

㉟ 웹용으로 저장 새 창이 떴습니다. 오른쪽 상단에서 GIF를 선택하고 오른쪽 하단에 사이즈는 카카오톡 사이즈 360×360으로 변경합니다. 그리고 마지막으로 재생을 눌러 제대로 움직이는지 확인합니다. 아무 문제가 없다면 저장 버튼을 눌러요.

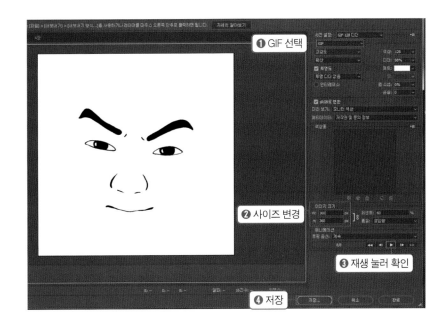

이제 움직이는 이모티콘 하나가 완성되었어요. 움직이는 이모티콘은 3개만 제출하면 되니까 조금 더 힘을 내서 2개를 더 만들어요. 물론 멈춰있는 이모티콘 21개도 함께요. 이 방법을 응용해서 동작을 표현하거나 캐릭터에 표정을 넣어줄 수 있습니다. 동작을 제작할 경우엔 동영상 촬영 시 최대한 몸이 잘 보이도록 짧은 옷을 입거나 아니면 레깅스처럼 붙는 옷을 입고 촬영하는 것이 그림 그릴 때 편합니다.

🔆 여기서 잠깐 배경은 그대로 놔두어도 되나요?

앞의 챕터에서 멈춰있는 이모티콘은 PNG 파일을 저장할 때 배경을 투명한 상태로 만들어서 저장했죠. 하지만 움직이는 이모티콘 샘플은 배경을 흰색으로 제출하게 되어 있어서 배경을 끌 필요 없이 그대로 저장하면 됩니다. 혹시나 배경색이 흰색(#ffffff)이 아닌 경우엔 꼭 배경 레이어를 흰색으로 만들어서 저장해요.

03 캐릭터로 간단한 움직이는 이모티콘 만들기

이번엔 캐릭터로 간단한 움직이는 이모티콘을 만들어볼게요. 앞서 움직이는 이모티콘의 기본 원리에서 준비 동작에 대한 설명을 했었는데요. 메인 동작으로 들어가기 전에 준비 동작이 있는 것이 자연스러워요. 오버액션토끼 같은 경우에 본 동작 전에 자주 쓰는 동작이 (제가 이름 붙인) '움찔움찔' 동작입니다. 포즈의 변화 없이 그대로 있는데 캐릭터가 미묘하게 움찔거리는 것처럼 보이는 동작입니다. 오버액션토끼의 이모티콘 종류마다 다른데, 어떤 것은 5~6프레임까지도 움찔 동작이 반복되는 경우도 있습니다. 모든 동작의 준비 동작으로 쓸 수도 있고, 캐릭터가 추워서 오들오들 떤다든지 덜덜거리며 긴장하는 모습을 표현할 때도 사용할 수 있습니다. 제가 보여드릴 예시는 에그프렌즈의 오들오들 동작입니다.

**포토샵에서
파일 열기**

① 상단 메뉴의 **파일→열기**에서 멈춰있는 동작의 그림을 불러옵니다. 어떤 포즈의 그림이든 다 같은 방법으로 제작 가능합니다. 오른쪽에 레이어 부분을 보면 스케치와 볼터치, 입안의 색 레이어로 나뉘어 있습니다. 어떤 동작이든 애니메이션을 만들 때에는 채색을 맨 마지막에 합니다. 동작이 자연스러운지 계속 체크해야 하고 중간에 수정하는 일이 많기 때문에 채색을 미리 하면 수정할 때 채색도 함께 수정해야 해요. 그래서 두

번 일하지 않도록 스케치로 동작을 모두 만들고 다 완성되었을 때 채색을 하도록 합니다. 불러온 파일이 배경 없는 그림일 경우에는 새 레이어를 만들어서 **페인트 통 도구(G)**를 클릭하고 전경색을 클릭해 흰색을 선택한 뒤 새로 만든 레이어에 부어 흰색을 채워 주세요.

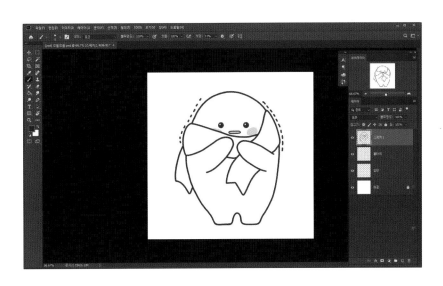

새 스케치 레이어 만들기

② 채색 레이어들은 눈을 꺼주고, 새 레이어를 만들어 '스케치 2'로 이름을 변경합니다. 위치는 스케치 1 위에 둡니다.

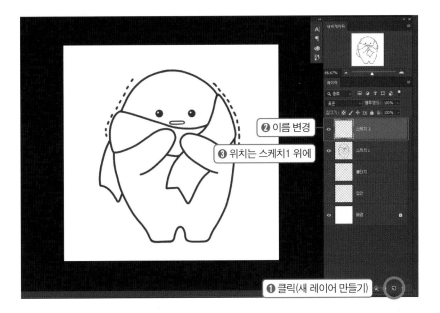

**스케치 1
불투명도
조절하기**

③ 스케치 1 레이어의 불투명도를 낮춰줍니다. 어느 정도의 수치가 좋다 이런 게 정해져 있진 않고 따라 그리기에 적당한 정도를 각자 자신의 화면을 보며 낮춰주세요.

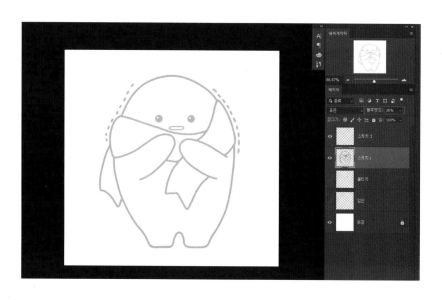

**브러시 선택&
사이즈
조정하기**

④ 스케치 2 레이어를 클릭하고, **브러시 도구(B)**를 선택합니다. 일정한 두께의 선을 위해 **선명한 원** 브러시를 선택했습니다. 기존 그림을 그린 브러시 사이즈를 기억하고 있으면 좋아요. 저는 8픽셀로 그려주었어요. 지금은 원본 그림이라 캔버스 사이즈가 가로 1,000 정도 되어 8픽셀이 적당한 크기인데요. 만약 캔버스 사이즈가 작다면 브러시 사이즈도 함께 줄여야 비율이 맞아요.

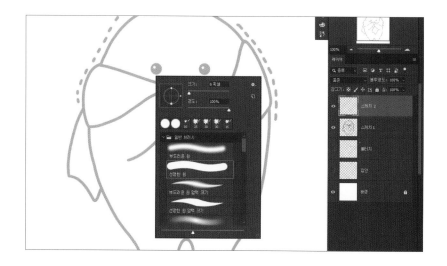

⑤ 브러시 선택과 크기 세팅까지 완료되면 그림을 따라 그려줍니다. 스케치 1 레이어 그림을 그대로 따라 그리는 느낌으로 그려요. 미묘하게 선이 조금씩 달라지는 것은 괜찮습니다.

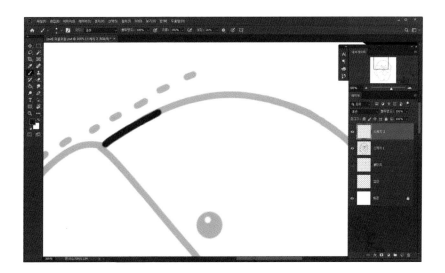

⑥ 곡선 부분은 특히나 자신이 그리기 편한 각도로 돌려가며 그리는 것을 연습해요. (회전 도구-단축 키 R, 회전하다가 똑바로 각맞춰 놓고 싶을 땐 shift 를 함께 눌러주면 바로 잡아줌)

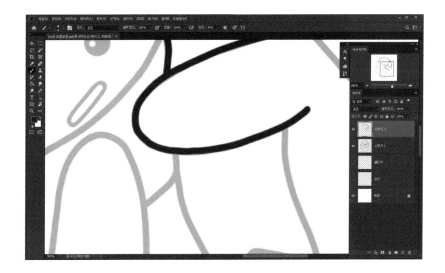

⑦ 스케치 2 레이어 그림이 완성되었어요.

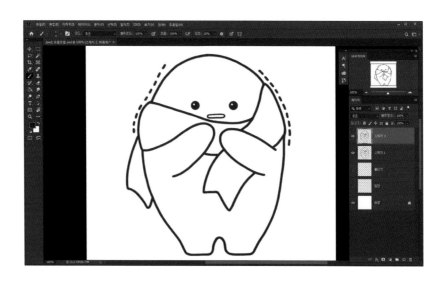

⑧ 스케치 1 레이어의 불투명도를 다시 100%로 올리고, 상단 메뉴에 **창→타
임라인**을 눌러요.

⑨ 1번 프레임에 스케치 1을 선택하고 타임은 0.1초로 설정합니다.

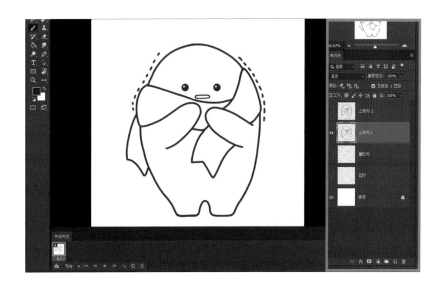

⑩ 새 프레임을 만들어 스케치 1 레이어 눈을 끄고, 스케치 2의 눈을 켜주세요. 재생 버튼을 눌러보면 캐릭터가 미세하게 움직이며 움찔거리는 동작을 합니다. 똑같이 그렸지만 선이 미묘하게 달라지다 보니 이런 효과를 줄 수 있는 것인데요. 레이어를 복사해서 이미지를 왜곡하는 것보다 훨씬 자연스러워요. 움찔거리는 동작은 이것 자체로 하나의 동작으로 사용해도 되고, 다른 동작을 하기 전 준비 동작 컷에 사용하기도 용이합니다. 여러모로 응용해서 사용할 수 있어요.

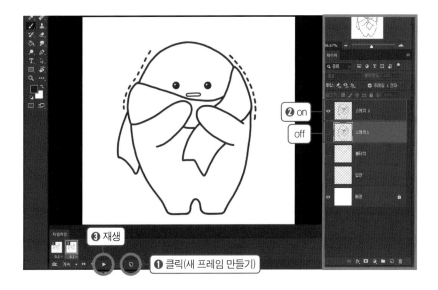

⑪ 이 동작은 2개의 컷만으로 완성되었기 때문에 이제 채색으로 넘어가면
됩니다. 같은 그림을 그대로 따라 그렸기 때문에 위치가 바뀌지 않아서
볼터치와 입의 색은 그대로 사용할 수 있어요. 1번 프레임을 선택한 뒤
볼터치와 입안 레이어를 모두 켜면 전체 프레임에 적용이 됩니다.

어떤 레이어를 전체 프레임에 적용하거나 빼고 싶을 때는 1번 프레임에
서 켜거나, 또는 원하는 프레임을 중복 선택한 후에 레이어를 키면 적용
됩니다. 적용 후 다시 재생 버튼을 눌러 제대로 움직이는지 확인합니다.

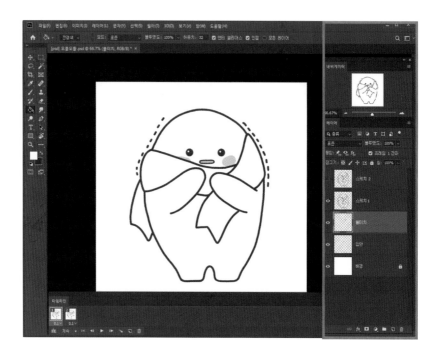

⑫ 문제가 없다면 저장으로 넘어가요. 상단 메뉴 **파일→내보내기→웹용으로
저장**을 눌러요.

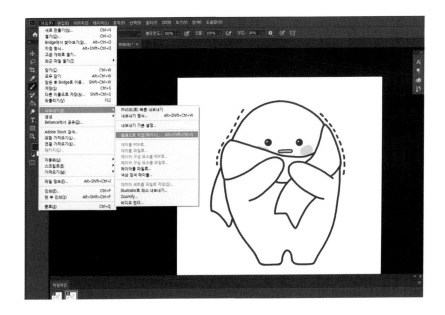

⑬ 웹용으로 저장하기 새 창이 떴어요. 오른쪽 상단에서 GIF로 변경하고,
아래의 이미지 크기는 카카오톡 사이즈 360×360을 설정해요. 그리고 재
생 버튼을 눌러 마지막으로 확인하고 저장을 누릅니다.

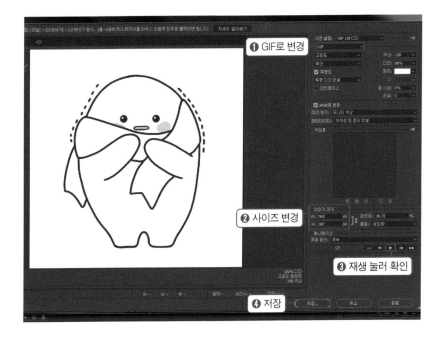

⑭ 앞서 그렸던 1번 프레임과 2번 프레임 그림입니다. 이렇게 나란히 놓고
보았을 때는 같은 그림처럼 보이죠? 완성작의 움직임이 궁금하다면 아래
QR 코드를 스캔해서 확인할 수 있어요.

움직이는 GIF
샘플 이미지를
확인하여 주세요!

TIP 글씨 와글와글 느낌

움직이는 이모티콘에서 글자가 나올 때 그대로 멈춰있으면 어색해 보일 수 있어요. 그래서 글씨
도 와글와글 느낌으로 조금씩 움직이도록 보이게 하는 경우가 많아요. 글씨를 움직이게 하는 방
법도 위의 방법과 동일합니다. 하나의 글씨를 쓴 레이어를 놓고 새 레이어에 그대로 따라 쓰는
거예요. 그러면 글씨 레이어가 2개가 되는데, 그걸 전체 애니메이션에서 1, 2 번갈아가며 필요
한 부분에 삽입하면 됩니다.

04 움직이는 캐릭터 이모티콘 만들기

멈춰있는 그림에 간단한 동작을 덧붙여 움직이는 이모티콘으로 만들어볼게요. 샘플로 보여드릴 이모티콘은 손을 모으고 웃고 있는 포즈의 에그프렌즈입니다. 그려놓은 그림이 손그림으로 그린 경우가 아니라면 포토샵에서 열어바로 태블릿으로 그리는 방식으로 작업하면 됩니다. 동작을 이어 그리는 경우엔 전, 후 동작을 아래에 깔아놓고 그리면 편하기 때문에 컴퓨터 작업을 추천합니다.

**기본 동작
그림 열기**

① 저는 이 아이가 머리를 조금 수그리며 감사 인사를 하는 동작을 만들려고 합니다. 그려놓은 그림을 토대로 어떤 움직임을 적용할 건지 계획을 세웁니다. 수그리는 동작을 추가하려고 하는데 어느 정도의 움직임을 줄건지 대략적인 범위를 잡아볼게요.

② 최대한 수그린 동작을 먼저 그렸어요. 몸이 구부러지며 키는 작아지고
좌우 폭이 넓어졌어요. 표정의 위치는 머리의 움직임에 따라 위치를 바
꿔줍니다. 아래로 내려오며 입은 조금 더 벌려주었어요. 눈이랑 볼터치
는 복사해서 위치만 옮겨도 됩니다.

**이미지 겹쳐서
확인하기**

③ 포토샵에서 그림을 그릴 때 1번 레이어에 불투명도를 낮추고 참고하며
새 레이어에 그림을 그립니다. 겹쳐서 본 이미지입니다. 두 개의 레이어
로 타임라인에 넣어 재생을 해보고 괜찮으면 사이 동작을 그려줍니다.

**중간 동작
그려 넣기**

④ 중간 포즈를 그렸어요. 작업을 이렇게 하는 이유는 앞에서 설명했듯이 1, 2, 3 순서대로가 아니라 1, 3, 2 이런 식으로 사이에 컷을 추가하는 방식으로 해야 수정이 쉽고 전체 흐름의 간격을 잡기가 수월하기 때문입니다.

**겹쳐서
확인하기**

⑤ 3개의 컷을 겹쳐서 확인해볼까요. 여기에서 다시 중간 컷을 추가하면 간격이 더욱 촘촘하게 되고, 애니메이션도 매끄러워질 거예요. 하지만 이 모티콘에서 아주 정밀한 애니메이션까지 요구되는 것은 아니기 때문에 이 세 컷으로 편집해서 GIF를 만들어보도록 할게요.

⑥ 포토샵에서 파일을 열었어요. 세 개의 그림을 발 위치를 맞춰 정렬해 주었어요. 그림은 순서대로 레이어 정리를 해줍니다.

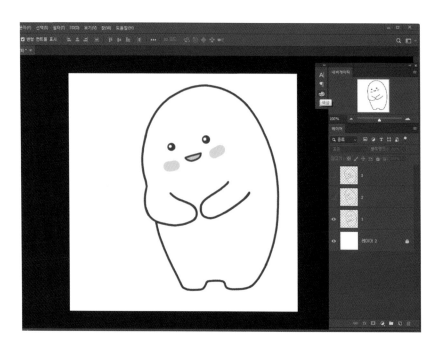

⑦ 타임라인을 만들기 전에 완성도를 위해 컷을 추가할 거예요. [03 캐릭터로 간단한 움직이는 이모티콘 만들기에서 배운대로 1번 레이어 그림을 그대로 따라 그렸어요. 1번 레이어를 복사해서 부분적으로 조금 변형해도 괜찮아요. 실제 순서로는 2번째 프레임에 들어갈 거예요. 이제 필요한 그림은 모두 그려졌어요.

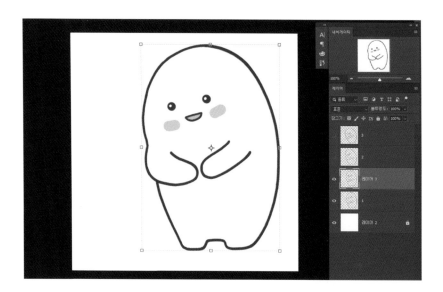

⑧ 타임라인을 누르기 전에 먼저 레이어 이름을 프레임에 나올 순서대로 변경해요. 정리를 해야 타임라인 작업할 때 헷갈리지 않아요. 지금은 채색 레이어가 따로 분리되어 있지 않지만 채색 레이어가 분리되어 있을 경우 레이어가 수십 개로 늘어날 수 있어 정말 헷갈리거든요.

또한 타임라인 창을 열기 전 1번 레이어만 남기고 레이어 눈을 모두 꺼주세요. 상단 메뉴 **창→타임라인**을 눌러주세요. 타임라인 창이 아래에 생겼어요.

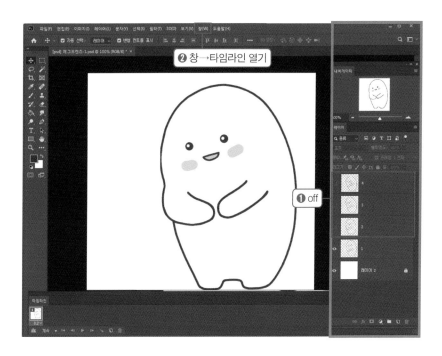

⑨ 1번 프레임에 일단 0.2초로 시간 설정을 하고 새 프레임을 눌렀어요. 저는 프레임이 많을 때는 기본으로 0.1초로 하고, 몇 개 안될 때는 일단 0.2초 정도로 설정하고 나중에 수정합니다.

2번 프레임에는 1번 레이어를 끄고 2번 레이어를 켜주었습니다.

⑩ 새 프레임을 누르고 2번 레이어를 끄고, 3번 레이어를 켜주었어요.

⑪ 새 프레임을 누르고 3번 레이어를 끄고, 4번 레이어를 켜주었어요. 이 동작 이후엔 다시 이전으로 돌아가는 동작이기 때문에 이전 레이어들을 다시 쓰면 됩니다.

⑫ 새 프레임(5번)을 누르고 4번 레이어를 꺼주고, 3번 레이어를 켜주었어요.

⑬ 새 프레임(6번)을 누르고 3번 레이어를 끄고, 2번 레이어를 켜주었어요.
이다음 동작은 1번 프레임과 동일하기 때문에 더 이상 추가할 필요가 없
어요. 6번 프레임이 1번 프레임과 연결되는 구조라 무한 동작하는 것처
럼 보일 거예요.

⑭ 재생 버튼을 눌러 움직임을 살펴봅니다. 1번과 2번 프레임은 움찔 컷이
라 동작이 거의 유사하기 때문에 0.1초로 변경하였어요. 그리고 가장 수
그린 포즈 4번 프레임에서 조금 천천히 올라왔으면 해서 0.3초로 늘렸어
요. 나머지 컷은 0.2초 그대로 두었어요. 계속 재생해가며 시간 설정을
수정해보고 마음에 드는 상태가 되었을 때 저장하면 됩니다.

시간 설정이 완료되었다면 상단 메뉴의 **파일→내보내기→웹용으로 저장**
을 눌러주세요.

**웹용으로
저장하기**

(15) 웹용으로 저장하기 새 창의 오른쪽 상단에서 GIF로 변경하고 아래 사이즈에서 카카오톡 사이즈 360×360으로 변경합니다. 만약 처음부터 360 사이즈로 제작했다면 수정할 필요 없어요. 설정이 끝나고 다시 재생 버튼을 눌러 움직임이 괜찮은지 확인해요. 문제가 없다면 오른쪽 하단의 저장 버튼을 눌러서 저장합니다.

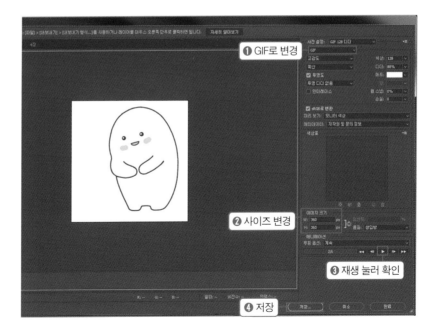

6개의 프레임 확인하기

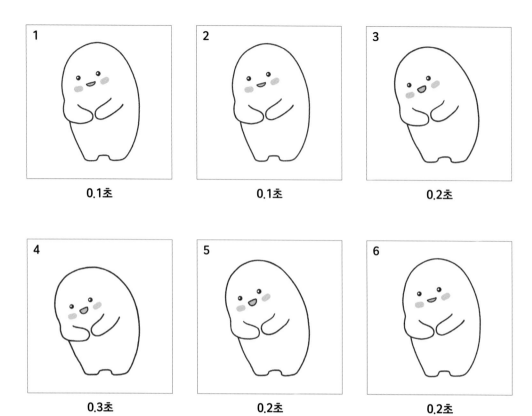

1	2	3
0.1초	0.1초	0.2초
4	5	6
0.3초	0.2초	0.2초

움직이는 GIF
샘플 이미지를
확인하여 주세요!

다양한 효과들

캐릭터의 동작을 만들 때 대부분 배경을 그리지 않기 때문에 허전함이 있을 수 있습니다. 그럴 때 다양한 효과 그림을 넣으면 보완이 가능합니다. 그림에 생동감과 재미를 더해줍니다. 몇 가지 샘플을 참고해 자신의 그림에 적용해 보세요.

움직이는 이모티콘
프레임별 타임 설정 예시

실제로 제작된 카카오톡 이모티콘의 프레임과 타임 설정을 보며 참고해요.
카카오톡 이모티콘 '수채화 꽃과 오늘의 안부' 중 일부입니다.

'고마워요' 프레임과 타임 설정 예시

이 이모티콘은 아래쪽 양귀비 꽃들이 스르륵 먼저 나
타나고 글씨는 타자 치듯이 자음, 모음이 하나씩 나
오는 형태로 제작했습니다. 각 프레임 이미지와 초의
세팅을 보며 참고해주세요.

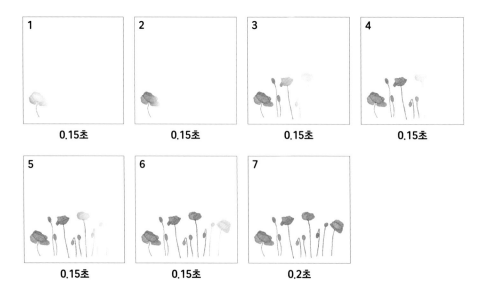

1	2	3	4
0.15초	0.15초	0.15초	0.15초

5	6	7
0.15초	0.15초	0.2초

1~6번 프레임은 꽃이 스르륵 등장하는 프레임입니다. 0.1초로 설정하면 조금 급하게 나오는 느낌
이라 0.15초로 하였습니다. 7번 프레임은 꽃이 다 완성된 프레임이라 강조하기 위해 0.2초로 하였
어요.

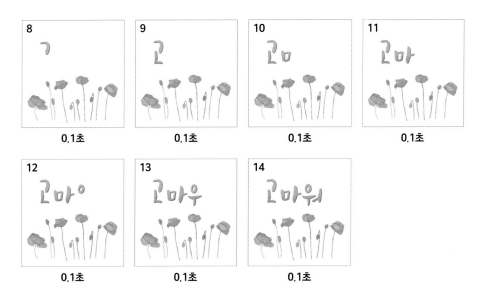

8번부터는 글씨가 나오는 프레임인데요. 자음, 모임이 하나씩 나오기 때문에 여러 프레임이 소요됩니다. 그래서 앞부분보다 타임을 조금 당겨 0.1초로 설정합니다. 만약 한 글자씩 나온다면 더 천천히 나오도록 설정하는 것이 좋습니다.

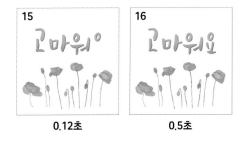

15번 프레임은 마지막 프레임 바로 앞이라 속도를 늦춰주기 위해 다시 조금 늘려 0.12로 하고, 마지막 16번 프레임은 메시지 가독성과 마무리 느낌을 위해 0.5초로 설정하였습니다. 보통 맨 마지막 프레임은 0.4~0.5초로 설정하는 경우가 많습니다.

'행복한 하루 보내세요' 프레임과 타임 설정 예시

이 이모티콘은 수채화로 그린 개나리 그림을 편집한 거라 개별적인 움직임을 주기 어려워서 이미지 크기의 변화로 움직임을 주었습니다. 이미지 자체로 변화를 줄 수 없을 때는 크기의 조절이나 앵글의 변화로 애니메이션을 만들 수도 있습니다. 여러분도 응용해 보아요.

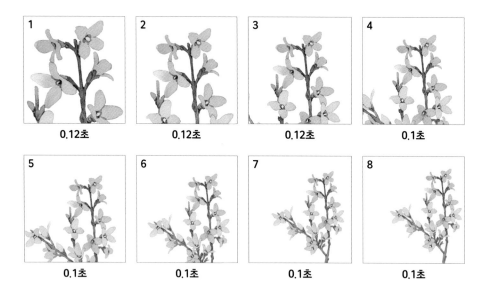

1	2	3	4
0.12초	0.12초	0.12초	0.1초

5	6	7	8
0.1초	0.1초	0.1초	0.1초

1번 프레임이 가장 줌 인된 프레임이고 점점 줌 아웃되는 형태입니다. 1~3번까지는 약간 여유 있게 움직이게 하기 위해 0.12초로 해주었고, 4~8까지는 다시 조금 빠르게 해주었어요.

9

0.2초

9번 프레임은 꽃 그림이 완성된 프레임이라 강조하기 위해 0.2초로 설정했습니다.

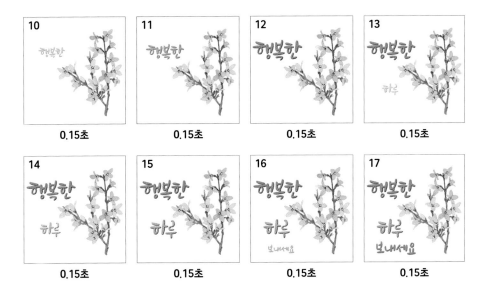

10

0.15초

11

0.15초

12

0.15초

13

0.15초

14

0.15초

15

0.15초

16

0.15초

17

0.15초

10~17번은 글씨가 한 줄씩 커지며 등장하기 때문에 여유있게 0.15초로 변경하였습니다. 저는 작은 글씨가 커지며 등장할 때엔 불투명도도 단계별로 높이는 방식으로 자주 작업합니다. 크기만 조절하는 것보다 불투명도까지 함께 조절하는 게 더 자연스럽게 느껴져서 이 방식을 선호합니다.

18

0.5초

마지막 18번 프레임은 역시 메시지 가독성을 고려하고 이미지를 제대로 보여주기 위해 0.5초로 설정했습니다.

여기까지 오신 여러분 고생하셨어요. 이모티콘 제작이 만만치 않았죠?

멈춰있는 이모티콘이든 움직이는 이모티콘이든 처음은 다 오래 걸리고 힘이 들죠.

하지만 아직 몇 개 완성하지 못했더라도 괜찮아요.

샘플 이미지 몇 개만으로도 제안 가능한 플랫폼이 있으니까요.

카카오톡이나 네이버 밴드처럼 제안해서 승인되어야 판매할 수 있는 플랫폼도 있고,

라인이나 오지큐마켓처럼 바로 완성 이미지를 업로드해서

심사 후 자동으로 판매 개시되는 플랫폼도 있어요.

플랫폼 하나씩 방법을 살펴보고 제안하거나 업로드하는 방법을 배워 보아요.

Chapter 4

플랫폼 제안과
상품 출시

01 카카오톡

https://emoticonstudio.kakao.com/ 사이트에 접속해서 제안 시작하기를 누르고, 카카오 아이디로 로그인합니다.

로그인 후 왼쪽 메뉴에 있는 이모티콘 제안을 누르면 오픈 스튜디오 화면이 나옵니다. 멈춰있는 이모티콘, 움직이는 이모티콘, 큰이모티콘 세 가지가 보입니다.

멈춰있는 이모티콘

멈춰있는 이모티콘부터 살펴볼게요. 제안의 기본 정보는 세 가지 모두 동일합니다. 상품명과 시리즈명, 설명 등이 있는데요. 여기에 상품명과 시리즈명은 승인이 되면 수정이 어렵기 때문에 신중하게 결정합니다.

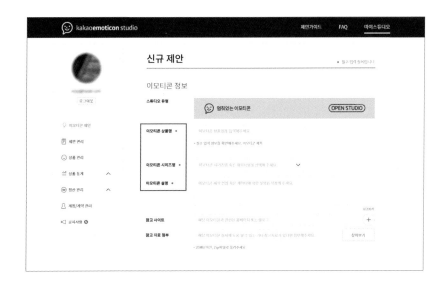

하단으로 스크롤을 내리면 이모티콘 파일을 업로드 할 수 있는 창이 보입니다. 마우스를 번호 위에 가져다 대면 찾아보기 버튼이 나옵니다. 원하는 순서대로 이미지를 업로드 하면 됩니다. 하나씩 업로드 하기 때문에 파일 이름은 상관이 없어요.

- 이미지 형식: PNG(투명 배경)
- 이미지 개수: 총 32종
- 사이즈: 360×360(px), 해상도 72dpi, 1개당 용량 150kb 이하

움직이는 이모티콘

움직이는 이모티콘도 정보란은 동일합니다. 원하는 상품명과 시리즈명, 설명
등을 기입합니다.

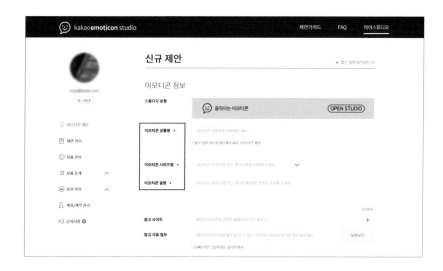

하단으로 스크롤을 내리면 이미지를 업로드 할 수 있는 창이 보입니다.

- 이미지 형식: 움직이는 시안(GIF 3종, 흰색 배경), 멈춰있는 시안(PNG 21종, 투명 배경)
- 이미지 개수: 총 24종
- 사이즈: 360×360(px), 해상도 72dpi, 용량은 개당 2MB 이하, 프레임 24개 이하

큰이모티콘

큰이모티콘도 기본 정보란은 동일합니다. 내용을 기입합니다.

하단에 이모티콘 등록 창을 보면 서로 다른 사이즈의 창이 보입니다. 정사각형, 가로형, 세로형 3가지 사이즈를 모두 만들어야 합니다.

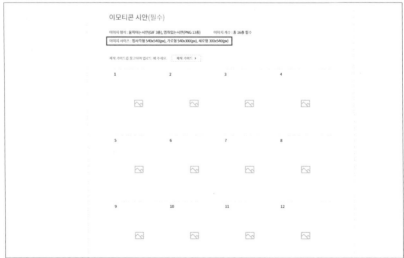

- 이미지 형식: 움직이는 시안(GIF 3종, 흰색 배경), 멈춰있는 시안(PNG 13종, 투명 배경)
- 이미지 개수: 총 16종(정사각형, 가로형, 세로형 각각 1개씩 제작 필수)
- 이미지 사이즈: 정사각형 540×540(px), 가로형 540×300(px), 세로형 300×540(px), 해상도 72dpi, 용량은 개당 2MB 이하, 프레임 24개 이하

소리나는 이모티콘은 움직이는 이모티콘과 큰이모티콘 유형에서만 제작 가능합니다. 원할 경우 이미지 업로드 창 하단에 있는 이모티콘 사운드를 클릭하고 파일을 업로드 하면 됩니다.

- 파일 형식: MP3 샘플
- 파일 개수: 최소 1개~최대 5개
- 재생 시간: 5초 이내

세 가지 유형의 이모티콘 중 원하는 형태의 이모티콘을 골라 기본 정보 기입과 파일 업로드를 하고 페이지 하단의 제출하기 버튼을 누르면 제출 완료입니다.

2 승인

카카오톡의 심사가 끝나고 결과가 나오면 이메일로 결과를 발송해줍니다. 미승인이든 승인이든 이메일은 모두 옵니다. 평균 2주가량 소요되고, 승인에 걸리는 시간은 해당 월의 제안 건수에 따라 달라집니다.

3 계약

처음 카카오톡에 입점하게 되면 신규 CP 등록을 하게 됩니다. 카카오톡과의 계약은 디지털 서명으로 계약서 작성이 이뤄지며 시간이 조금 걸릴 수 있습니다. 첫 입점 때만 계약하며 이후에 새로운 승인 때는 바로 다음 단계로 넘어갑니다. 이후 과정은 카카오톡에서 상세한 매뉴얼을 제공하며 그 매뉴얼에 자세히 나와 있으므로 그에 따라 하나씩 하면 됩니다.

4 컬러 시안

계약서 작성이 완료되면 이모티콘 스튜디오 상품 관리 창에 제안한 상품이 뜨게 됩니다. 거기서 파일을 등록하고, 피드백을 받게 됩니다.
컬러 시안은 움직이는 이모티콘의 경우 제안한 24개 이미지와 함께 어떤 모션이 적용될 것인지 컨펌받는 단계입니다. 글로 상세하게 묘사해 확인받고, 담당자님의 승인을 받아야 다음 단계로 넘어갈 수 있습니다.
멈춰있는 이모티콘의 경우에는 이 단계에서 최종 파일로 넘어갑니다.

5
애니 시안

컬러 시안이 승인되면 애니 시안을 제작합니다. 애니 시안은 최종 파일과 동일한 WEBP(웹피) 파일로 제작합니다. 웹피 제작은 카카오톡에서 계약한 작가에게 제공하는 프로그램 "WEBP ANIMATOR(웹피 애니메이터)"로 제작하게 됩니다. 카카오 측에서 제공하는 매뉴얼이 있어서 어렵지 않고, 프로그램이 아주 심플해서 처음 접해도 쉽게 제작할 수 있습니다.

6
최종 파일

애니 시안이 승인되면 최종 파일을 제작하게 됩니다. 최종 파일은 제작해야 할 파일의 개수가 조금 많습니다. 카카오 측에서 제공한 파일 폴더에 맞춰 제작한 파일을 넣어줍니다. 이때 제작 원본 PSD 파일이나 AI 파일도 제출하게 됩니다. 카카오톡 이모티콘 숍에서 친구에게 이모티콘을 선물했을 때 보이게 되는 기프트 이미지도 작가가 제작해서 업로드 합니다. 이런 제작 파일은 카카오에서 템플릿 파일을 제공하기 때문에 제공된 포토샵 템플릿 파일에 맞춰 이미지를 제작하면 됩니다.

어느 단계든 수정 사항이 있을 땐 미승인 될 수 있습니다. 미승인 되는 경우엔 피드백 받은 내용을 토대로 수정해서 다시 업로드 하게 됩니다.

7
판매 개시

최종 파일이 승인되면 기기 테스트 단계로 넘어갑니다. 이 기간은 보통 1개월에서 3개월 정도 걸립니다. 인기 이모티콘의 경우엔 패스트 트랙으로 제작부터 출시까지 1개월 이내에 끝내는 경우도 있는데요. 이것은 몇몇 작가에 한정된 이야기라 대부분의 작가와 신규 CP들은 최소 1개월 이상 대기하게 됩니다. 그리고 오픈일이 결정되면 해당 오픈 일에 이모티콘 숍에 자신의 이모티콘이 올라오게 됩니다.

8
정산

앞의 챕터에서 배웠듯이 정산은 판매 시작 2개월 후에 됩니다. 3월 중에 오픈했을 경우엔 5월 15일에 첫 정산을 받게 됩니다.

카카오톡 제한 가이드 내
저작권, 윤리 필수 지침

카카오 이모티콘 스튜디오에 게시된 제한 가이드 내용입니다. 내용을 숙지해주세요.

1. 도덕성 및 윤리 지침 부분

- 범죄, 폭력, 성적 표현 등 미풍양속에 반하는 콘텐츠

- 흡연 연상 및 흡연을 조장하는 콘텐츠

- 반사회적인 내용이 담긴 콘텐츠

- 사회적인 물의를 일으킬 소지가 있는 콘텐츠

- 사람, 사물, 동물 등을 비하하거나 차별하는 내용이 담긴 콘텐츠

- 심한 욕설 및 폭언 등이 담긴 콘텐츠

- 특정 국적이나 종교, 문화, 집단에 대한 공격으로 해석되거나 불쾌감을 유발할 소지가 있는 콘텐츠

- 특정 종교를 표현하거나 이를 주제로 한 콘텐츠

2. 비즈니스 및 광고 홍보 등의 목적

비즈니스 및 광고 홍보 등의 목적을 가진 경우에는 브랜드 이모티콘 제안으로 문의하시기 바랍니다.

- 제안자가 아닌 제삼자에게 이익을 제공하거나 서비스 및 광고/홍보를 위해 제작된 콘텐츠

- 기업에서 브랜드 및 서비스의 광고/홍보를 위해 제작된 콘텐츠

- 특정 기업/서비스의 콘텐츠를 활용한 경우(게임 캐릭터, 기업 대표 캐릭터 등)

- 특정 지역, 언론사, 관공서, 비영리단체의 특별한 목적을 위해 제작된 콘텐츠

- 특정 정당 지지, 국회 등 정치적인 요소를 포함한 콘텐츠

- 개인과 기업의 협업에 의한 콘텐츠

- 광고성 문구를 포함하고 있는 콘텐츠

3. 저작권, 상표권 침해 등 표절 행위

(1) 저작권을 침해하는 콘텐츠

- 타인의 저작물(캐릭터, 사진, 이미지, 폰트, 음원 등)을 저작권자의 허락 없이 무단으로 가져와 사용하는 경우
- 타인의 저작물을 이용하였거나, 그에 준하는 정도로 캐릭터, 동작, 구도, 배열, 표현 방식 등이 실질적으로 유사한 경우

* 저작물이란?

인간의 사상 또는 감정을 표현한 창작물을 말하며, 저작권은 저작물이 창작되는 즉시 권리가 발생하므로 저작권 등록이 필수 요건은 아닙니다. 다만 저작권 등록을 하는 경우 저작권법에 따른 보호를 받을 수 있으며, 관련 내용은 '한국저작권위원회 홈페이지'를 참고하시기 바랍니다.

(2) 상표권을 침해하는 콘텐츠

- 타인의 등록 상표와 동일하거나 유사한 상표를 이모티콘명 또는 작가명으로 사용하는 경우
- 타인의 등록 상표가 아니더라도, 국내에 널리 알려진 타인의 성명, 상호 등을 이모티콘명이나 작가명으로 사용하는 경우(부정경쟁 행위에 해당)
- 그 외 카카오의 브랜드 이미지에 손상을 주거나 피해를 줄 수 있는 경우

이외에도, 타인의 권리를 침해할 여지가 있거나 카카오가 부적절하다고 판단하는 이모티콘에 대해서는 입점이 불가하며, 입점한 이후에도 판매가 중단될 수 있습니다.

* 상표란?

자기의 상품과 타인의 상품을 식별하기 위하여 사용하는 표장을 말하며, 표장에는 기호, 문자, 도형, 소리, 냄새, 입체적 형상, 홀로그램/동작, 색채 등이 될 수 있고, 이외에도 구성이나 표현 방식에 상관없이 상품의 출처를 나타내기 위해 사용하는 모든 표시가 가능합니다. 자세한 내용은 '특허청 홈페이지' 및 '상표 검색 사이트'를 참고하시기 바랍니다.

(3) 초상권 및 퍼블리시티권을 침해하는 콘텐츠

 - 허락 없이 타인의 초상을 사용하는 경우
 - 특정 인물(공인, 연예인 등 포함)이 명확히 연상되는 경우

(4) 기타: 트레이싱 및 패러디를 사용하는 콘텐츠

 - 만화, 영화, 드라마 등 기존에 존재하는 콘텐츠(이하 '원천 콘텐츠')를 인용하였거나, 콘셉트 등이 연상되는 경우
 - 원천 콘텐츠 또는 특정 인물의 행동 등을 인용하였거나, 이를 패러디하여 해당 콘텐츠 또는 인물이 연상되는 경우(ex. 특정 안무 및 가사가 동시에 노출되거나, 특정 동작 및 유행어 등이 동시에 노출되는 경우 등)
 - 원천 콘텐츠를 로토스코핑 기법을 통하여 사용한 경우

4. 기타

 - 카카오 이모티콘 스토어에서 정한 이미지 가이드에 일치하지 않는 콘텐츠
 - 이모티콘 콘셉트가 제안된 이미지와 일치하지 않는 콘텐츠
 - 입점 심사를 위한 가이드를 따르지 않은 경우(이미지 미포함 등)

상기 가이드에 해당하지 않는 경우에도, 카카오가 부적절하다고 판단되는 이모티콘에 대해서는 입점이 불가하며, 입점 한 이후에도 판매가 중단될 수 있습니다.

02 네이버 밴드

1

제안하기

https://partners.band.us/partners/sticker 사이트에 접속합니다. 별도의 로그인이 필요하지 않아요.

첫 화면의 스티커 제휴 제안하기 버튼을 누르면 제안서 기입 페이지가 나옵니다. 설명에 맞춰 내용을 기입합니다.

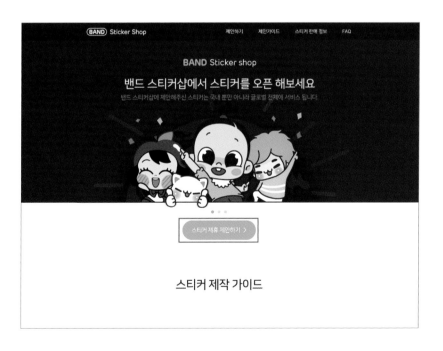

페이지 하단의 제작 가이드입니다. 제작 과정에 대해 상세하게 나와 있어요.

움직이는 이모티콘(애니메이션 스티커)

밴드의 움직이는 이모티콘은 GIF 3컷, PNG 이미지 5컷으로 총 8개가 필요합니다. 다른 플랫폼에 비해 제안할 때 제출하는 이미지 개수가 적기 때문에 샘플 제작 시간에 대한 부담이 작습니다. 세부 내용은 아래와 같습니다.

- 이미지 형식: 움직이는 GIF 이미지 3컷, 멈춰있는 PNG 이미지 5컷(투명 배경)
- 이미지 개수: 총 8개 파일
- 이미지 사이즈: 최대 370×320(px), 1개당 용량 1M 미만, 해상도는 72dpi, 컬러 모드는 RGB 권장, GIF 이미지는 재생 계속 반복

멈춰있는 이모티콘(스틸 스티커)

멈춰있는 이모티콘 같은 경우엔 5컷만 있으면 됩니다. 카카오톡의 32개와 비교하면 정말 간단하게 느껴집니다.

- 이미지 형식: PNG(투명 배경)
- 이미지 개수: 총 5컷
- 이미지 사이즈: 최대 370×320(px), 1개 파일 당 1M 미만, 해상도는 72dpi, 컬러 모드는 RGB 권장

2

승인-계약

심사 후 결과가 이메일로 옵니다. 승인이 되면 계약을 하게 되는데요. 네이버 밴드는 전자 계약으로 진행을 하며, 새로운 이모티콘을 낼 때마다 계약서를 개별적으로 작성합니다. 카카오톡과 달리 파일 공유와 피드백 모두 이메

일로 이뤄집니다. 그리고 승인 후 담당자가 스케줄을 잡아줍니다. 카카오톡은 스케줄이 정해져 있지 않고 각자 완성되었을 때 사이트에 업로드 하면 되는 구조고, 네이버 밴드는 계약 후 협의하여 스케줄을 담당자가 정해서 보내줍니다. 제안 개수가 적은 만큼 나머지 이모티콘 제작에 시간이 걸릴 수 있기 때문에 담당자님과의 소통에서 제작 일정을 넉넉하게 잡는 것이 안전합니다.

멈춰있는 이모티콘의 경우엔 출시가 40개인데요. 제출은 45개를 하게 됩니다. 담당자가 5개를 제외합니다. 카카오톡의 2배 가까운 양을 작업해야 하기 때문에 저 같은 경우에는 멈춰있는 이모티콘 같은 경우엔 80% 정도 완성을 해놓은 상태에서 제안을 보내곤 합니다. 첫 제안인 경우엔 미승인의 리스크가 있어 미리 제작하기가 어렵지만 한 번 통과된 이후에 시리즈의 제작인 경우엔 통과율이 높기 때문에 미리 제작하고 제안하는 방식이 나쁘지 않을 것 같아요.

3
제작

멈춰있는 이모티콘
스티커 1차본 공유(45컷)→피드백→채색 및 수정된 2차본 공유→
2차 피드백(최종 컷과 순서 확정)→최종 파일 제작→확인, 제작 완료

움직이는 이모티콘
스틸 이미지 시안 공유→피드백→GIF 이미지 공유→
피드백, 스티커 순서 확정→1차 APNG 최종 파일 공유→피드백 완료

위의 내용에서 APNG가 뭔지 궁금한 분들이 계실 텐데요. 이 포맷은 GIF와 비슷한 방법으로 움직임을 구현하면서 GIF보다 더 높은 품질을 보여 주는 파일 형태입니다.

제작은 라이선스 프리 오픈 툴인 APNG assembler를 주로 이용합니다. 이와 관련된 사항은 네이버 밴드에서 계약 후 가이드를 제공합니다.

오지큐마켓

03

1

업로드

오지큐 크리에이터 스튜디오 사이트 https://creators.ogq.me/home에 접속합니다.

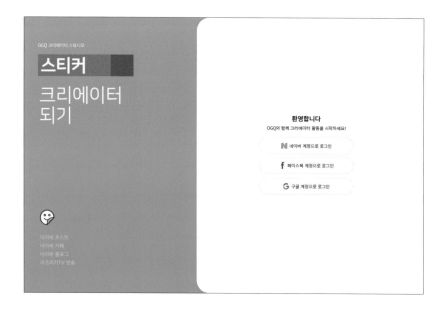

오지큐마켓에 네이버 아이디로 로그인하고 크리에이터 등록을 합니다. 몇 가지 내용만 기입하면 바로 등록 가능합니다. 등록 후 업로드 버튼을 누르면 원하는 종류를 업로드 할 수 있는 창이 뜹니다.

애니메이션 스티커

오지큐마켓은 별도의 제안 승인 없이 완성된 이모티콘을 바로 업로드 해서 별문제 없으면 바로 출시되기 때문에 파일명을 잘 맞춰서 제출해야 합니다. 파일명은 1~24로 원하는 순서대로 설정하면 되고 파일 형태는 GIF입니다. 이름이 제대로 되어 있지 않거나 파일 사이즈가 맞지 않으면 업로드가 되지 않으니 오류가 생길 때에는 파일명이나 이름, 사이즈 등을 확인합니다.

대표 이미지는 스티커 상품 페이지에서 메인으로 보여지는 이미지이기 때문에 가장 눈에 띄고 잘 만든 걸로 선택하는 것이 좋습니다. 제목도 너무 길게 하지 말고 간단하고 심플하게 내 스티커를 잘 설명하는 문구로 정해보세요.

탭 이미지는 스티커를 구매한 고객이 포스트를 작성할 때에 스티커 창에서 보는 작은 아이콘을 말합니다. 매우 작게 보이기 때문에 심플한 이미지로 만드는 것이 좋습니다. 새로운 이미지를 제작하는 건 아니고 작업한 이미지 중에서 일부분을 오려서 탭 사이즈에 맞게 제출하면 됩니다. 정말 작은 사이즈라 캐릭터의 경우엔 얼굴 부분만 오려서 사용하면 됩니다.

화살표 마크 부분을 누르면 업로드 창이 뜨고, 한꺼번에 24개를 업로드 할 수 있습니다. 수정 사항이 없다면 심사 완료 후 바로 판매가 개시됩니다.

대표 이미지: 1개

• 해상도: 240×240(px)/파일명: main.png

스티커 이미지: 24개

• 해상도: 740×640(px)/파일명: 1.gif~24.gif

탭 이미지: 1개

• 해상도: 96×74(px)/파일명 tab.png

스티커

멈춰있는 스티커도 업로드 방식은 애니메이션 스티커와 동일합니다. 파일 종류만 PNG로 바뀌는 거예요. 1~24 이름의 파일을 업로드 해주세요. 메인 이미지나 탭 부분도 애니메이션 스티커와 동일합니다. 심사 후 승인되면 바로 판매가 시작되며 이메일로 알려줍니다.

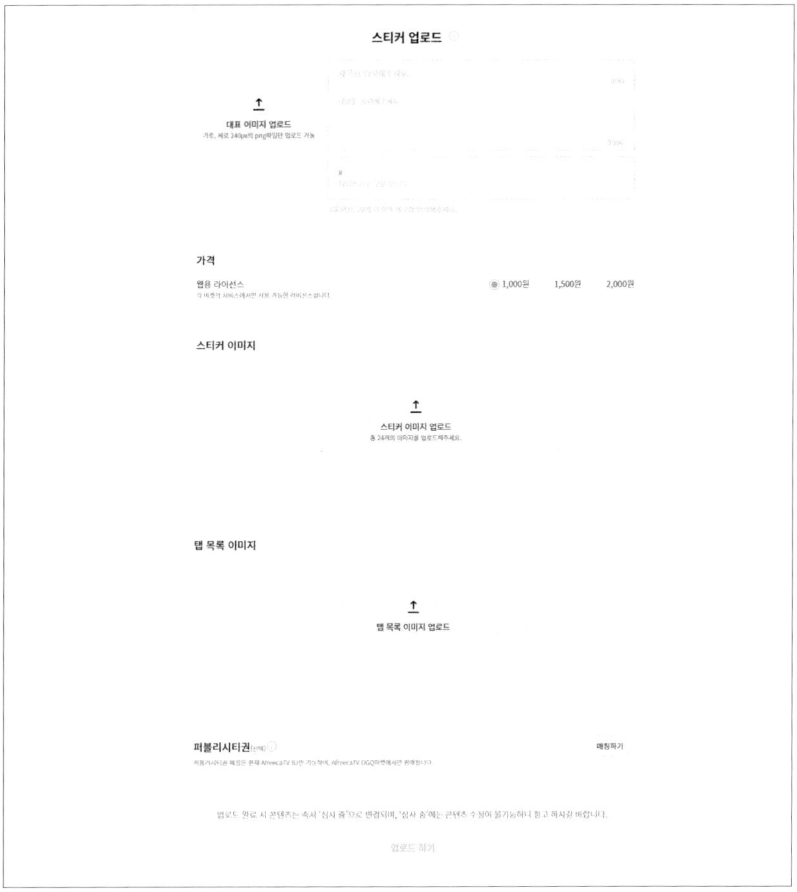

대표 이미지: 1개

- 해상도: 240×240(px)/파일명 : main.png

스티커 이미지: 24개

- 해상도: 740×640(px)/파일명: 1.png~24.png

탭 이미지: 1개

- 해상도: 96×74(px)/파일명: tab.png

네이버 라인

1
업로드

라인 크리에이터스 마켓 사이트 https://creator.line.me/ko/에 접속합니다. 로그인은 라인 아이디로 하면 됩니다. 라인 계정이 없다면 모바일 앱 라인을 다운받아 새로운 계정을 만들면 됩니다. 크리에이터 등록은 영어로 된 페이지에서 진행돼요.

가입 페이지입니다. 이미지에 표시된 대로 입력합니다. 여기서 주의할 점은 별도의 영어 이름이 아닌 한글 이름(본명)을 영어로 변환한 이름을 적어야 합니다. 회사로 등록할 경우 회사의 영어명을 쓰면 되고 개인으로 등록한다면 작가명으로 입력하면 됩니다. 초록색 체크 표시가 된 필수 입력이 끝나면 보내기 버튼을 눌러주세요.

가입 신청 접수 후에는 컨펌 이메일(위에 입력한 주소로)이 옵니다. 이메일을 열어 적혀있는 링크를 누르면 확인이 완료됩니다.

페이팔 관련

가입 후 스티커를 등록하면 정산을 위해 페이팔 계정 정보를 입력하게 되어 있습니다. 이미 사용하고 있는 페이팔 계정이 있다면 페이팔 사이트에서 비즈니스 계정으로 무료 변환 신청하여 그대로 사용하면 됩니다. 페이팔 계정이 없다면 새로 가입 시 비즈니스 계정으로 신청해서 그 계정을 라인 개인정보에 입력하면 됩니다.

TIP 페이팔에 개인 정보도 영어로 입력하게 되는데 은행 계좌에 사용하는 본명을 영어로 표기한 이름으로 적어야 합니다. 나중에 페이팔로 입금된 돈을 내 계좌로 이체할 때 페이팔 계정의 이름과 계좌의 이름이 다를 경우 수수료가 부가되기 때문에 처음부터 잘 가입하는 게 좋아요. 페이팔 계정 이름 변경이 조금 번거롭거든요.

가입 절차가 끝나면 My page 화면으로 넘어가요. 좌측 상단에 **New Submission**을 누르면 제안할 수 있는 종류가 나옵니다. 그중 **Sticker**를 클릭해주세요.

제안 페이지입니다. 맨 먼저 스티커의 종류를 선택하고, 영어로 제목과 설명을 기입합니다. 그리고 중요한 것, 언어 추가인데요. 한국에서 노출되는 건 한글 제목으로 보여질 수 있도록 한글을 추가합니다. 영어와 마찬가지로 한글 제목, 한글 설명을 기입하면 됩니다.

Creator's Name은 상품에 노출될 작가명입니다. 앞으로 각자 사용할 작가명

(영어)을 쓰면 됩니다. Copyright는 상품 맨 하단에 표시될 저작권 표시인데요. 저는 간단하게 '©Roah'로만 쓰고 있습니다. 회사인 경우엔 '©회사 영어 이름'으로 기입하면 됩니다.

Sale Resion은 판매 가능한 모든 국가에서 판매하는 것과 국가를 개별적으로 선택하는 것 두 가지가 있는데 전 지역 판매(맨 위의 것)로 설정하면 됩니다.

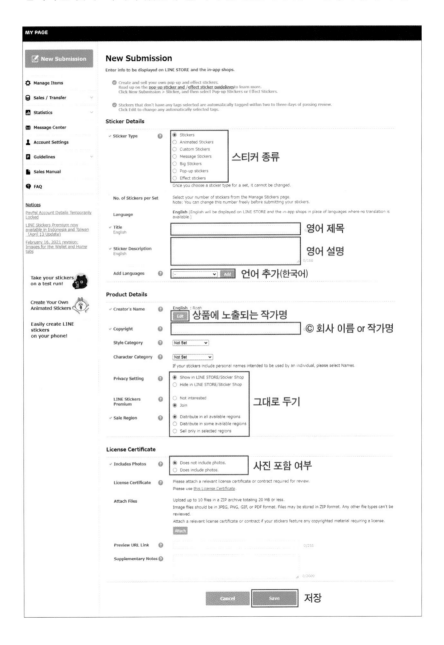

판매 국가와 관련된 실제 사례를 알려드릴게요. 몇 년 전에 제가 에그프렌즈를 라인에 처음 올릴 때에 반려된 적이 있어요. 전 세계 판매인데 이모티콘 중에 '?????' 물음표를 그린 게 있었거든요. 물음표를 ?로 쓰지 않는 국가가 있으니 기호를 지워달라고 하더라고요(실제로 스페인어에서는 물음표를 거꾸로 씁니다). 제작할 때는 전혀 생각지도 못한 부분이었는데 해외 판매를 하게 되니 문제가 되는 것들이 있었어요. 그래서 문제가 되는 몇몇 기호를 삭제해서 다시 업로드 했습니다. 그런데 또 반려가 되었어요. 이번에는 말레이시아의 국가적 정서와 맞지 않으니 말레이시아를 판매 국가에서 제외시키라고 메일이 왔습니다. 도대체 제 캐릭터가 말레이시아의 무슨 정서를 건드리는 건지 도무지 알 수 없지만 수정 요청이 오면 그대로 따라야 하니 말레이시아를 제외한 후에 출시하게 되었습니다. 그 당시 에그프렌즈의 컬러가 사람의 피부색처럼 보여 옷을 안 입은 걸로 오해한 건 아닌가 추측을 해보지만 지금도 정확한 이유는 모르겠어요. 아무튼 이런 일도 있으니 이모티콘을 제작할 때에 참고하길 바랍니다.

지역 설정 밑에 보면 사진 포함 여부를 체크하는 항목이 있습니다. 사진이 포함되지 않았다면 위를, 사진을 편집해 이모티콘을 만든 경우엔 아래를 체크하면 됩니다. 여기까지가 필수 입력입니다. 다 채우고 나서 하단의 **Save** 버튼을 눌러주세요.

Sticker Images 탭을 누르면 아래 이미지처럼 화면이 나옵니다. 하단의 **Edit**를 눌러주세요.

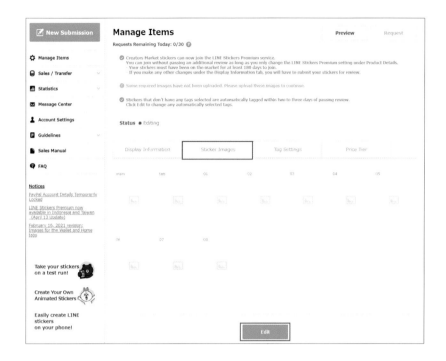

스티커 창이 기본으로 8개만 나오는데 상단의 숫자 창을 눌러 원하는 개수를 선택해주세요. 라인은 개수와 가격을 자신이 원하는 대로 설정할 수 있습니다. 가장 많이 사용되는 것은 24개인데요. 가격 대비 개수가 많으면 사람들의 호응을 더 얻을 수도 있으니 여력이 된다면 개수를 늘려보는 것도 좋습니다.

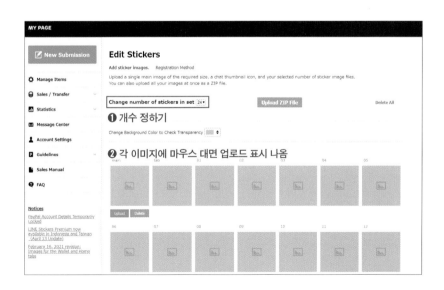

개수를 선택하면 화면이 바뀝니다. 맨 앞에는 main 파일(대표 이미지)과 tab 파일, 그다음은 순서대로 1~24번까지 업로드 하면 됩니다.

이제 마지막으로 **Price Tier** 탭에서 가격을 설정합니다. 움직이는 스티커의 경우 2,500원이 많지만 멈춰있는 스티커의 경우엔 1,200원에 업로드 되는 상품이 꽤 많습니다. 저는 멈춰있는 스티커 중 40개를 2,500원에 업로드 한 것이 다른 상품에 비해 더 많이 팔리고 있습니다. 인기 스티커의 가격이나 신규로 업데이트 되는 스티커들 가격을 보고 적당한 개수와 가격을 정하는 것이 좋겠습니다. 가격을 선택한 후 **Save** 버튼을 눌러줍니다.

모든 파일과 설정이 끝나면 오른쪽 상단의 **Request** 버튼이 활성화됩니다. 그걸 누르면 제출 완료입니다.

자주 묻는
수강생의 질문들

이모티콘 제작 오프라인 워크샵을 진행하면서 수강생에게 자주 들었던 질문들을 모아 보았어요. 비슷한 고민을 하고 있거나 궁금했던 것이 있는 분들께 도움이 되었으면 좋겠어요.

Q 제작에 꽤 시간이 많이 들어갈 것 같은데 이모티콘 작가가 되려면 지금 다니는 회사를 그만두는 게 나을까요?

A 제가 만난 많은 수강생분 중 이모티콘을 만들면 금방 내 통장에 돈이 들어올 거라고 기대하시는 경우가 많았어요. 하지만 카카오톡 같은 경우 제안이 통과되어도 다시 컬러 시안부터 제작까지 1~3달 정도 걸리고, 최종 파일이 넘어간 후에도 기기 테스트와 대기기간이 2~3달 이상 걸릴수도 있습니다. 정산은 판매 후 두 달이 또 지나야 하기 때문에 이모티콘 제작을 시작하는 시점부터 첫 정산을 받기까지 생각보다 긴 시간이 필요합니다.

그러니 무리하게 도전하는 것보다 현재 상태에서 조금씩 작업 시간을 내어 도전하고, 어느 정도 성과가 나면 그때 진로에 대해 진지하게 고려하는 게 좋을 것 같아요. 뭐든 부담을 안고 시작하면 무리하게 되는데요. 그렇게 되면 작업을 지속하는 게 너무 힘들어지더라고요.

여유를 갖고 하나씩 차근차근 해나가겠다는 마음으로 시작해보세요.

Q 이모티콘 출시 후 매출을 바로 확인할 수 있나요?

A 카카오 이모티콘 스튜디오에서 제안 관리, 제작 관리, 판매 내역 확인, 정산 확인 등 모든 것이 그곳에서 이뤄집니다. 여러분이 앞으로 카카오톡에 출시를 하게 된다면 제안했던 이모티콘 스튜디오에서 모든 과정을 진행하게 될 거예요.

네이버 밴드는 관리 채널이 따로 없기 때문에 판매에 대한 부분은 개별적으로 검색할 수가 없어요. 월말이 지나고 익월 초쯤에 이전 월에 대한 정산 보고서가 엑셀로 정리되어 메일로 옵니다. 그걸 보고 총매출이 얼마 나왔는지 확인할 수 있어요. 날짜별 매출액은 공개하지 않습니다. 프로모션 스티커 매출 내역은 정산 기준일이 다르고 별도로 메일을 보내줍니다.

라인도 카카오톡처럼 제안했던 라인 크리에이터스 마켓에서 판매와 정산 모두 확인 가능합니다.

당일에 판매된 내역도 바로 확인할 수 있어요.

오지큐마켓도 크리에이터 스튜디오에서 쉽게 확인 가능하고, 당일 판매 건도 바로 확인 가능합니다.

Q 이모티콘 수익이 궁금해요. 만들면 얼마나 돈을 벌 수 있을까요?

A 수입에 관한 질문을 다들 제일 관심 있어 하실 텐데요. 이모티콘은 수익이 천차만별이라 기본 수익이 어느 이상은 될거다 말씀드리기는 조금 어려워요. 카카오톡의 인기 순위 상위에 있는 작가들은 월 몇천만 원씩 정산받는 분도 있고, 새 이모티콘을 만들어도 처음에 잠깐 팔리다가 판매가 뚝 떨어져서 총수익이 몇십만 원도 안 되는 경우도 있어요. 그래도 여러분이 궁금해하시니 제가 경험한 수치들을 조금 알려드릴게요.

카카오톡 확실히 매출 규모가 커서 하루 매출 수준이 다른 플랫폼에 비해 월등히 높았어요. 제가 이전에 제작한 이모티콘 중 최고 성적이 인기 순위 19위인데요. 그 날 하루 매출이 300만 원 정도 되더라고요. 작가가 정산받는 게 매출액의 35%니까 그 날 하루에만 105만 원을 번 셈이죠. 이쯤 되니 상위 10위권의 하루 매출은 도대체 얼마나 되나 궁금하시지 않나요. 저도 정말 궁금해요.

이렇게 숫자로만 보면 돈 버는 게 쉬워 보이죠. 하지만 상위에 계속 머무를 수 있으면 좋겠지만 매일 새로운 이모티콘이 나오기 때문에 쉽지 않습니다. 그래도 카카오톡은 인기 순위 100위 정도로 떨어져도 하루 매출이 100만 원대가 나올 때도 있어요. 그러다가 출시 후 수개월이 지나면 등수가 더 떨어지게 되는데요. 200위, 300위로 내려가면 급감하게 됩니다. 그러니 몇 달 단위로 새 이모티콘을 출시하는 것이 소득에도 도움이 되고 이전 이모티콘의 판매량 증가에도 도움이 되기 때문에 3~4개월 루틴으로 계속해서 작업하면 안정적으로 수입을 만들 수 있어요.

하루 매출은 인기 순위가 그대로여도 줄어들기도 하고 늘기도 합니다. 요일별로 이모티콘 숍 매출이 조금 다르고, 전체적으로 매출이 오르는 시기엔 등수가 그대로여도 매출이 함께 오릅니다. 그래서 평균을 내기는 어렵지만 경험상 수치를 말씀 드린 거니까 참고용으로 생각하면 될 것 같습니다.

네이버 밴드 제가 처음 출시했던 스티커가 한 달 넘게 인기 순위 1위를 했어요. 그래서 첫 정산 보고서를 받을 때 기대를 정말 많이 했죠. 그런데 액수가 기대했던 것만큼 많진 않았어요. 계약 비율도 낮고 매출액도 생각했던 것보단 적어서 몇 백만 원 정도 정산 받았어요. (지금은 작가 정산 비율이 수익에서 50%로 전체 상향되어서 훨씬 유리해졌어요.)

좀 아쉬운 느낌이 있었는데 프로모션 스티커(무료 스티커) 배포로 선정되면서 오히려 더 많은 정산

금을 받을 수 있었어요. 프로모션 스티커는 스티커 개당 받는 금액은 적지만 사람들의 참여가 많다 보니 다운로드 회수가 기본적으로 꽤 나오거든요. 그리고 한 달 이후에 다시 재참여 가능해서 사용했던 사람도 반복해서 다운로드가 가능해요. 인기가 있으면 오히려 판매보다 조금 더 지속적인 수입이 생기는 것 같아요.

프로모션 스티커는 스티커 출시 후 한 달 동안 500개 이상 판매된 스티커 중에서 선정해 두 달 이후에 오픈된다고 해요. 기존에 판매하던 스티커에서 일부가 오픈되는거라 작가가 하는 일은 없고, 밴드팀에서 알아서 골라서 진행합니다.

라인 챕터 1에서도 소개했듯이 따로 노출해서 광고하지 않으면 판매 자체가 쉽지 않다고 말씀 드렸는데요. 저도 그랬어요. 첫 정산액 1,000엔 채우는 데에도 한참 걸렸어요. 팔리지 않아도 꾸준히 상품을 업로드 했더니 그중 영어 캘리그라피가 그나마 다른 것보단 조회 수도 높고 판매도 종종 되더라고요. 스티커를 판매한 지 몇 년이 지난 지금 오히려 더 잘 팔리고 있는 것 같습니다. 데이터를 살펴보면 제 스티커는 대부분 태국과 대만, 그리고 미국에서 많이 사용하는 걸로 나오더라고요. 해외 판매가 대부분이어서 앞으로 만든다면 글씨가 없거나 영어 버전으로 만드는 게 낫겠다고 생각하고 있어요.

오지큐마켓 예전 그라폴리오마켓 때는 인기 순위 10위권 안에 계속 있으면 월 정산액 100만 원 이상 받을 수 있었던 시절이 있었어요. 하지만 오지큐마켓으로 변경된 후 초반에는 인기 순위 1위를 했는데도 하루 몇만 원대 매출이더라고요(정확히 기억은 안 나는데 10만 원은 안 넘었어요). 한동안 과도기가 있었는데 지금은 매출이 많이 안정되었고, 아프리카 TV 마켓에서도 동시에 판매되기 때문에 노출되는 범위가 커졌어요. 진입장벽이 낮아 경쟁은 치열하지만 처음 시작할 때 발판 다지기에 정말 좋은 플랫폼이라 생각합니다. 차근차근 매출을 올려보아요.

Ⓠ 저희 아이가 초등학생인데 이모티콘을 만들고 싶어 해요. 배울 수 있나요?

Ⓐ 이모티콘 수업을 하면서 이런 질문을 자주 받았습니다. 초등학생의 그림으로도 이모티콘을 만들 수 있습니다. 저희 조카들도 초등학생인데 제 작업실에 놀러 올 때마다 늘 제가 뭔가 그리고 작업하는 모습을 보면서 커서인지 자기도 항상 뭔가 만들고 그리고 그런답니다. 어느 날은 그림을 가져오더니 이모티콘을 만들고 싶다고 하더라고요. 당시 9살이었던 조카 그림이 생각보다 감정 표현이 섬세하고 다양한 감정을 묘사했는데 너무 귀여웠어요. 그래서 그림을 스캔해서 최대한

원본 느낌 그대로 포토샵에서 스케치 라인을 그렸어요. 채색 작업을 할 땐 조카를 불러서 여러 색을 보여주고 마음에 드는 색을 고르게 했어요. 원작자의 의도가 충분히 반영될 수 있게요. 그렇게 며칠간의 작업 끝에 세트가 완성되었고, 카카오톡에도 제안을 넣어보고, 오지큐마켓, 라인에 업로드를 했습니다(미성년자 명의로 제안이나 출시가 안 되기 때문에 저희 오빠 명의로 제출했어요). 아쉽게도 카카오톡은 반려되었지만 오지큐마켓과 라인에서는 지금도 판매 중이랍니다. 혹시 자녀나 조카가 이모티콘을 만들고 싶어 한다면 함께 제작해 보세요. 아이에게 성취감도 주고 재미난 이력도 생기고, 함께 만든 추억까지 생기니 일석삼조 아닐까요.

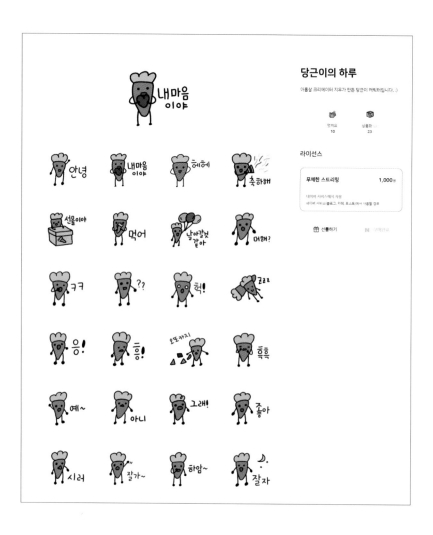

사이트 정보

이모티콘 관련

카카오 이모티콘 스튜디오
https://accounts.kakao.com/

카카오 이모티콘 숍(pc버전)
https://e.kakao.com/

네이버 밴드
https://partners.band.us/partners/sticker

라인 크리에이터
https://creator.line.me/ko/

오지큐 크리에이터 스튜디오
https://creators.ogq.me/home

오지큐마켓
https://ogqmarket.naver.com/

아프리카TV 오지큐마켓
https://ogqmarket.afreecatv.com/

제작 관련

동영상 GIF 변환 사이트
https://ezgif.com/

눈누(상업용 무료 한글 폰트 한눈에 보기)
https://noonnu.cc/

컬러헌트(다양한 색 조합의 컬러 차트 확인)
https://colorhunt.co/

퍼블릭 도메인
(44쪽 참고)

픽사베이(Pixabay)
https://pixabay.com/ko/

언스플래쉬(Unsplash)
https://unsplash.com/images

펙셀스(Pexels)
https://www.pexels.com/ko-kr/

브러시 다운

프로크리에이트 브러시를 다운받거나
여러 정보를 볼 수 있는 곳
https://folio.procreate.art/discussions

혼자서도 쉽게 돈 버는
이모티콘 만들기

초판 1쇄 인쇄 2021년 6월 10일
초판 1쇄 발행 2021년 6월 18일

지은이 로아 변유선
펴낸이 박지수

펴낸곳 비에이블
출판등록 2020년 4월 20일 제2020-000042호
주소 서울시 성동구 연무장11길 10 우리큐브 283A호(성수동2가)
이메일 b.able.publishers@gmail.com

ⓒ 로아 변유선, 2021
값 16,000 원
ISBN 979-11-90931-52-6 03320